각성

각성

글 김요한

떠오름

목차

1절 : 진동 009	18절 : 기도 046	35절 : 껍질 080
2절 : 파장 011	19절 : 정화 049	36절 : 고립 082
3절 : 고요 013	20절 : 분별 050	37절 : 결단 084
4절 : 간격 015	21절 : 고도 052	38절 : 도약 086
5절 : 틈새 017	22절 : 거리 054	39절 : 흐름 088
6절 : 균열 019	23절 : 기준 056	40절 : 착각 091
7절 : 감각 021	24절 : 허상 058	41절 : 사랑 093
8절 : 태도 023	25절 : 기류 060	42절 : 소각 095
9절 : 계산 025	26절 : 실행 062	43절 : 본질 097
10절 : 멈춤 027	27절 : 자율 064	44절 : 체온 099
11절 : 사기 029	28절 : 유대 066	45절 : 호흡 101
12절 : 단면 032	29절 : 생존 068	46절 : 경계 103
13절 : 수순 035	30절 : 잔상 070	47절 : 중심 105
14절 : 기록 037	31절 : 소음 072	48절 : 나눔 107
15절 : 무감 039	32절 : 둔감 074	49절 : 몰입 109
16절 : 균형 041	33절 : 표면 076	50절 : 진심 111
17절 : 의심 044	34절 : 무지 078	51절 : 깊이 113

52절 : 진폭 115	69절 : 선택 160	86절 : 주도 193
53절 : 마취 117	70절 : 징후 162	87절 : 거울 195
54절 : 정지 119	71절 : 저급 164	88절 : 대피 197
55절 : 창조 121	72절 : 반사 166	89절 : 조정 199
56절 : 공존 123	73절 : 용량 168	90절 : 삭감 201
57절 : 소진 125	74절 : 주문 170	91절 : 내성 203
58절 : 유예 128	75절 : 외형 172	92절 : 절연 205
59절 : 친구 131	76절 : 격리 174	93절 : 비용 207
60절 : 조기 134	77절 : 기민 176	94절 : 단속 209
61절 : 탈선 137	78절 : 증발 178	95절 : 복기 211
62절 : 할당 140	79절 : 부식 179	96절 : 단가 213
63절 : 지분 143	80절 : 집중 181	97절 : 전방 215
64절 : 즉시 146	81절 : 가면 183	98절 : 복원 217
65절 : 잔류 149	82절 : 패턴 185	99절 : 해부 219
66절 : 엄마 151	83절 : 회로 187	100절 : 시작 220
67절 : 누나 154	84절 : 탈출 189	
68절 : 모방 157	85절 : 통증 191	

아무도 대신 살아주지 않는 삶에 대하여

1절

사람은 우연히 어울리지 않는다. 모든 관계엔 파동이 있다. 진동수가 다르면 아무리 애써도 끝까지 어긋난다.

억지로 웃는 자리, 괜히 말 많은 순간, 목소리가 자꾸 작아지는 관계. 이미 답은 거기 있었다. 맞지 않는 곳에 계속 남아 있는 건, 어리석음이고, 욕심이고, 비겁함이다.

지나고 나서야 보였다. 혼자인 게 아니었다. 혼자인 척, 살아 있는 척, 연결된 척. 오래도록 그런 척만 하며 살았다.

깨달음은 크지 않았다. 사람을 줄이고, 말을 줄이고, 핑계를 줄였다. 줄이는 건 버리는 게 아니었다. 밀도를 높이는 거였다.

소음이 사라지자 고요가 들렸다. 그 고요 속에서야 비로소 본래의 나를 봤다. 누구의 리듬에도 맞추지 않고, 흉내를 내지 않고,

억지로 웃지 않고, 침묵이 어색하지 않은 곳에서만 존재했다.

관계는 상태다. 흐트러진 사람들 틈에 있다면, 흐트러진 건 내 안이다.

다시 물어야 한다. 지금 곁에 있는 사람들, 지금 나누는 말들, 지금 머무는 공간.

이건 진짜인가, 가짜인가.

답은 늘 간단하다. 진동이 맞지 않으면, 그냥 떠나는 거다.

2절

관계는 파장이다. 맞지 않으면, 흔들리고 깨진다. 어울리지 않는 사람과의 연결은 고장 난 주파수처럼 내면을 갉아먹는다.

예전엔 아무거나 붙잡았다. 두려워서, 외로워서, 공허해서. 그래서 소진됐다. 말도, 표정도, 마음도 다 지쳐버렸다.

모든 만남은 값을 치른다. 지불하는 건, 시간도 아니고 돈도 아니다. 평온이다. 에너지다. 정신의 무게다.

그래서 묻는다. 이 사람이 내 파장을 흐트러뜨릴 것인가. 이 대화가 내 에너지를 소모시킬 것인가. 답이 불편하면 멈춘다. 거절한다. 설명하지 않는다.

침묵은 비겁함이 아니다. 고립은 실패가 아니다. 덜어내야 산다. 사람을 줄이고, 말을 줄이고, 불필요한 친절을 없애는 건 나를 지키는 일이다.

진짜 연결은 드물다. 같은 파장을 가진 사람은 평생 몇 명이면 충분하다. 나머지는 지나가게 두면 된다. 억지로 웃지 않고, 억지로 맞추지 않는다. 맞지 않으면 흘려보낸다. 그게 삶이다.

한때는 세상이 너무 시끄러웠다. 지금은 안다. 세상이 시끄러운 게 아니라, 그 소음에 스스로 몸을 던졌던 거였다.

이제는 내 파장으로 산다. 필요할 때만 연결하고, 필요할 때만 말을 건넨다. 무엇보다, 내 리듬은 내가 지킨다.

3절

시끄러운 시절이 있었다. 의미 없는 대화, 텅 빈 웃음, 붐비는 자리. 그 안에서 살아 있는 척했다. 속은 텅 비어가고 있었지만, 아무도 몰랐다. 아니, 몰라주길 바랐다. 겉으로 괜찮은 척, 웃는 척, 아무렇지 않은 척. 그걸 연기하는 데 능숙해질수록, 안쪽은 더 무너졌다.

혼자가 되기 두려웠다. 침묵이 견딜 수 없었다. 침묵 속에선 진짜 얼굴이 드러났으니까. 불안했고, 텅 비었고, 인정하고 싶지 않았다. 그래서 사람에 매달렸다. 그저 누군가 곁에 있기만을 바랐다.

바뀐 건 큰 사건이 아니었다. 그냥 피로였다. 조금씩 멀어졌고, 조금씩 흥미를 잃었고, 조금씩 나를 되찾았다.

고요는 그렇게 찾아왔다. 혼자 있는 시간이 길어졌고, 혼자 걷고, 혼자 마시고, 혼자 견뎠다. 그런데 이상하게, 외롭지 않았다. 소란이 사라지자, 나를 가리던 안개도 걷혔다.

소란은 잠깐의 위장일 뿐이었다. 진짜 삶은 고요 속에서만 돌아간다. 말을 줄이고, 관계를 덜어내고, 에너지를 아끼자 오히려 더 선명해졌다. 가장 나다운 상태, 가장 편안한 거리.

누구에게도 붙들리지 않는다. 누구의 속도에도 끌려가지 않는다. 필요할 때만 말하고, 아니면 침묵한다. 그게 지금의 방식이다.

어떤 밤은 그냥 조용히 앉아 술을 마신다. 아무도 만나지 않고, 아무에게도 연락하지 않는다. 거기엔 불안도 없고, 외로움도 없다. 오히려 가볍다.

삶은 혼자 버텨야 하는 시간들의 연속이다. 그걸 받아들인 순간부터 괜찮아진다. 어디에 있어도, 누구와 있어도 흔들리지 않는다.

오늘도 고요하다. 그리고 그것으로 충분하다.

4절

어떤 사람은 말없이 스며든다. 가까워지려고도, 멀어지려고도 하지 않는다. 애써 자신을 드러내지 않고, 괜히 상대를 끌어내지도 않는다. 그냥 그 자리에, 조용히 머문다.

그런 사람이었다. 도심의 작은 전시장이었고, 사람들은 익숙한 질문들로 공간을 메웠다. 직업, 소속, 프로젝트. 그 사람은 벽 앞에 서 있었다. 흔들리지 않고, 굳이 맞장구치지 않고, 그냥 바라보고 있었다. 어느 순간 나도 그 앞에 멈췄다. 서로를 보지 않았고, 아무 말도 없었지만 묘하게도, 그게 다였다.

며칠 뒤 또 마주쳤다. 작은 모임, 여전히 말은 적었고, 중심에 서지 않았다. 필요한 말만, 필요한 만큼. 침묵을 두려워하지 않는 사람이었다.

커피 한 잔 사이에, 많은 말은 오가지 않았다. 하지만 내 목소리가 평소보다 낮아졌고, 말의 속도는 느려졌다. 애쓰지 않아도 되는 자리. 비워진 채로 괜찮은 시간.

그제야 알았다. 관계에는 채우지 말아야 할 간격이 있다는 걸. 그 간격이 때로는 말보다 많은 걸 말해준다는 걸. 말이 적은 사람은 무심한 게 아니다. 침묵이야말로, 진심에 가까운 순간이 있다.

그와의 만남은 그렇게 이어졌다. 가끔 스치듯 연락하고, 가끔 마주 앉고. 어떤 날은 말이 좀 더 오가고, 어떤 날은 거의 말이 없었다. 어느 쪽도 어색하지 않았다.

설명하지 않아도 괜찮은 관계. 억지로 공감하지 않아도 되는 거리. 편안함을 강요하지 않고, 흐름에 맡기는 시간.

모든 걸 채우려 애쓰는 건 소진을 부른다. 오히려 비워진 간격이 관계를 오래 숨 쉬게 한다.

누군가와 함께 있으면서도 온전히 나로 존재할 수 있는 순간. 그건 언제나, 말보다 간격에서 시작된다.

5절

어떤 시절은 무너진 채로 흘러간다. 버티는 것만으로도 숨이 가쁘다. 겉으론 괜찮아 보였고, 그래서 아무도 몰랐다. 가장 먼저 꺼지는 건 감각이다.

사람들 틈에선 웃었고, 대화도 이어졌다. 하지만 안쪽은 천천히 가라앉고 있었다. 혼자일 때는 숨이 막혔고, 함께 있어도 외로웠다. 감정은 무거웠고, 말로 꺼내기엔 복잡했다.

그때, 한 사람이 있었다. 묻지 않았고, 강요하지 않았다. 그냥 조용히, 옆에 있었다.

어느 햇살 좋은 날, 작은 카페. 나란히 앉아 있었고, 무슨 얘기를 나눴는지 기억나지 않는다. 그저 조용했다. 그 조용함이 숨을 쉴 수 있게 했다.

한강의 바람, 맥주, 침묵. 그저 시간이 흘렀다. 불필요한 말도, 위로도 없었다. 그 무심한 고요가 마음을 흔들었다.

인생이 망해 지낼 곳도 없는 나의 강아지를 돌봐주겠다는 한마디, 이유는 묻지 않았다. 툭 떨어진 말 하나에 울컥했다. 말이 없었기에 더 깊이 닿는 순간이었다.

사람은 스스로를 붙잡아야 한다. 하지만 정말 끝까지 내려간 순간, 단 한 사람의 조용한 손길이 다시 살아보고 싶다는 힘이 되기도 한다.

거창할 필요 없다.

툭 건네진 마음 하나, 아무 말 없이 옆에 있어준 시간, 그것만으로도 무너진 마음은 조금씩 복구된다.

가장 지친 순간, 삶은 고요함 속에서 다시 숨을 쉰다.

사람은 그렇게 살아간다. 누군가의 조용한 틈 하나에 다시 일어서는 힘을 품으며.

6절

균열

결국 그는 떠났고, 나는 남았다. 항상 그렇다. 끝은 그렇게 온다.

처음부터 신호는 있었다. 말없이 사라지는 표정, 설명 없는 침묵, 어긋난 호흡. 보이지 않는 금이 조금씩 퍼지고 있었다. 알았다. 그런데 외면했다. 괜찮아질 거라 믿었고, 믿음이라 착각했다. 그 믿음이 애초에 착각이었다.

사람과 사람 사이의 균열은 쉽게 되돌릴 수 없다. 한 번 틀어진 마음은 다시 맞물리지 않는다. 그게 현실이다. 누가 누구였든, 어떤 시간을 함께 보냈든, 변하는 사람은 변하고, 떠날 사람은 떠난다. 영원한 믿음 같은 건 없다. 조건 없는 신뢰 같은 것도 없다.

유일한 다행은 그가 먼저 떠났다는 것. 내가 완전히 무너지기 전에 끝났다는 것. 그 자리에 더 머물렀다면 결국 잃었을 건 나였다. 사람은 버텨야 할 때와 손을 놔야 할 때를 구분해야 한다. 늦으면 모두 부서진다. 언젠가는 뛰어내려야 한다. 뼈가 부러지더라도.

이제는 분명해졌다. 작은 어긋남이 반복될 때, 그건 의심이 아니라 직감이라는 걸. 삶이든, 관계든, 일이든 균열은 신호다. 그냥 흘려보내선 안 된다.

아무도 대신 멈춰주지 않는다. 누구도 대신 내려주지 않는다. 선택은 언제나 스스로의 몫이다.

그래서 이제는 망설이지 않는다. 창문을 깨서라도 내려선다. 뒤늦은 후회 대신, 지금 내린다. 손상되고, 흠집 나더라도.

무너진 끝에 배운 것들은 잊지 않는다. 다시 같은 자리로 돌아가지 않는다.

7절

불빛은 그대로였다. 거리의 모양도, 익숙한 냄새도 달라지지 않았다. 변한 건 그 안에서 길을 잃은 사람 하나였다.

어떤 날은 살아 있다는 감각이 전혀 들지 않았다. 움직이고, 말하고, 웃었지만 어디에도 닿지 못했고, 누구와도 연결되지 않았다. 투명한 유리창 너머를 걷는 사람처럼, 그렇게 매일 조금씩 희미해졌다.

한때는 상처받지 않는 사람이 되길 원했다. 강해 보이는 사람, 웃음을 유지하는 사람, 아무리 흔들려도 중심을 잃지 않는 사람. 하지만 그런 인간은 없다. 다친 적 없는 사람도 없고, 다친 채로 살아가지 않는 사람도 없다.

멀어진 건 세상이 아니었다. 망가진 건 감각이었다. 사라진 줄 알았던 모든 것이 사실은 닫혀 있었을 뿐이었다.

문득, 어떤 순간이 찾아왔다. 익숙한 냄새, 오래된 기억, 잊고 지냈던 감정 하나가 조용히 스며들었다. 그때 알았다. 모든 건 내 안의 문제였다는 걸. 세상은 늘 그 자리에 있었고, 무너진 건 오직 한 사람뿐이었다.

그래도 다행이다. 그 모든 흔들림 끝에 아직도 여기 있다. 무너지지 않고, 사라지지 않고, 겨우 버티며 이렇게라도 남아 있다.

살아 있다는 건, 그렇게 아주 작고 미약한 감각 하나라도 붙들고 있는 일이다. 가끔은 그걸로 충분하다.

8절

어느 순간부터 명확해졌다. 어떤 삶을 살 것인가보다, 어떤 태도를 유지할 것인가가 더 중요하다는 걸.

흔들리지 않는 것. 어떤 상황에서도 끝까지 단단함을 잃지 않는 것.

고요를 두려워하지 않는 사람. 비워진 자리를 채우려 허둥대지 않는 사람. 사람이든, 기회든, 흘러간 것에 연연하지 않고 떠날 것은 보내고, 남을 것만 지키는 사람.

관계는 넓이보다 밀도다. 아무리 많은 사람과 어울려도, 남는 건 손에 꼽히는 몇이다. 가장 나쁜 건 얕은 인연에 스스로를 소모하는 일이다. 그러지 않는다.

대신 속도를 낮춘다. 침묵을 견디고, 감정을 버티고, 누군가의 말과 표정에 휘둘리지 않는다.

잘못은 그대로 두지 않고 바로잡는다. 시간이 걸려도, 고통이 들어도, 눈앞의 현실을 직면한다. 도망치지 않고, 끝까지 본다.

상처는 덧붙이지 않고, 울음은 함부로 보이지 않는다. 필요한 순간에만 꺼내고, 그 외엔 조용히 감춘다.

어떤 삶이든 결이 있다. 부드럽게 살아도 좋다. 다만 부드러운 결은 단단함 위에 있어야 한다. 흐트러짐 없는 중심이 없는 사람은 어디로도 가지 못한다.

나의 방식, 나의 속도, 나의 호흡. 남이 정한 틀에 나를 맞추지 않고, 서고 싶은 자리에 원하는 모양으로 선다.

그렇게 간다. 누구에게도 휘둘리지 않고, 누구의 시선에도 방향을 바꾸지 않고. 끝까지, 직접 택한 방향으로.

9절

계산

살아남으려면 계산해야 한다. 본능으로 깨달았다. 타협하지 않고 정직하게 사는 것이 가장 유리하다는 걸.

겉으로는 괜찮아 보여도, 무너지는 건 한순간이다. 스스로를 배신하는 사람은 오래가지 못한다. 그 얼굴들을 수없이 봐왔다. 억지로 맞추다 망가진 사람들. 좋은 사람이라는 말에 갇혀 누구에게도 사랑받지 못한 채 사라진 표정들.

그래서 선택했다. 계산된 정직함. 기준 없는 친절 대신, 설명 필요 없는 명료함. 말보다 행동, 감정보다 원칙.

윤리적으로 보이고 싶은 마음도 없다. 다만 안다. 윤리적으로 사는 사람이 가장 강하다. 신뢰는 한 번 얻으면 무기다. 한 번만 버티면 된다. 그 무게를 견디는 쪽이 끝까지 간다.

예전엔 몰랐다. 흔들리며 지냈고, 사람들 말에 휘둘렸다. 그러다 알아냈다. 중간은 없다. 흔들리느니 부러지는 게 낫다.

그래서 선을 그었다.

관계든, 말이든, 태도든. 애매함이 사람을 망가뜨린다. 중립적인 척, 기회만 노리는 태도. 그게 모든 실패의 시작이다.

계산은 피곤하지 않다. 오히려 나를 덜 피로하게 만든다. 흔들리지 않고, 돌아가지 않고, 되돌아올 필요도 없다. 처음부터 제대로 가는 게 가장 빠르다.

이건 타협이 아니다. 철저한 전략이다. 살아남는 방식이다.

10절

사는 건 고통이다. 괴로워도 당연한 일이다. 삶은 본래 그런 구조다. 생각이 많아 무너지는 날이 있다. 작은 일에도 삶 전체가 뒤틀린 것처럼 느껴진다. 별일도 아닌데, 모든 게 재난처럼 커진다. 그래서 삶을 망쳤다는 결론으로 흘러간다.

그런 생각이 머릿속을 잠식해도 멈출 수 없다. 살아야 하니까. 움직여야 하니까. 손을 뻗고 몸을 일으키는 건 선택이 아니라 의무다.

누구도 대신 살아주지 않는다. 괴로움은 오류가 아니라 기본값이다. 힘든 게 비정상이 아니다. 오히려 행복만 좇는 태도가 착각이다.

편해지고 싶어질수록 무너진다. 기다려도 달라지지 않는다. 어차피 모든 고통은 따라온다. 도망치면 반드시 더 큰 얼굴로 돌아온다. 그래서 끝까지 마주하고, 끝까지 해내야 한다. 그것뿐이다.

버티는 게 지겹다? 그럼 무너질까? 그게 더 쉽다고 믿는 건 착각이다. 한 번 무너지면 복구는 두 배의 에너지가 든다. 처음부터 버티는 게 맞다. 처음부터 제대로 가는 게 맞다.

언젠가 쉬고 싶다고? 먼저 은퇴하고 싶다고? 그런 평화는 없다. 진짜 쉼은 움직임 속에 있다. 멈추지 않는 것, 그게 유일한 생존 방식이다.

우주에 멈춰있는 물질은 없다. 숨 쉬는 한, 걸어야 한다. 손을 놓지 말아야 한다. 움직이지 않는 삶은 죽음이다.

11절

사기

"아무것도 하지 않아도 괜찮아." "존재 자체로 충분해." "그냥 지금 이대로도 돼." 그런 말들이 거슬렸다. 불쾌했다. 정확히 왜 그런지 오래 생각했다. 결론은 단순했다. 책임 없는 말이었다. 허공에 흩어지는 소리. 상처는 그대로인데, 마취제처럼 덮어버리는 문장.

그런 말은 누구도 구하지 못한다. 잠깐 괜찮은 척은 할 수 있다. 하지만 고통의 뿌리는 그대로 남는다. 시간이 지나면 더 깊어지고, 더 거칠어진다. 더 아프다.

문제는, 이런 문장들이 상품이 됐다는 거다. 고통을 감성으로 포장하고, 인생을 몇 줄짜리 긍정으로 줄여 팔아먹는다. '가만히 있어도 괜찮다'고 말하면서, 그 말로 돈을 번다.

그들은 고통에 관심이 없다. 오직 팔리는 일에만 관심이 있다.

그런 말에 중독된 사람은 계속 같은 말에 기대려 한다. 잠깐의 마취, 잠깐의 망각. 다시 무너지고, 다시 찾고. 이 구조는 마약상과 중독자의 관계와 다르지 않다.

진짜 괜찮음은 그런 게 아니다. 무너진 자리에서 1밀리미터라도 앞으로 나아가게 붙잡아 주는 힘, 살아보자고 조용히 말해주는 마음. 그게 진짜다.

더 역겨운 건 따로 있다. 모든 걸 가진 자들이, 돈으로 웬만한 문제는 해결할 수 있는 자들이, 안전한 곳에 앉아 '그대로도 괜찮다'고 팔아먹는 장면.

그들은 그렇게 살지 않는다. 말뿐이다. 자기 삶은 끝까지 밀어붙이면서, 절박한 사람들에게만 멈춰도 괜찮다고 속삭인다. 그게 사기다.

진짜 위로는 상품이 아니다. 구경꾼이 던지는 말도 아니다. 같은 자리에 앉아, 같은 고통의 무게를 감당하려는 마음이어야 한다.

글을 쓴다. 책을 만든다. 하지만 그런 비겁한 말은 하지 않는다.

누군가를 더 약하게 만들 문장은 쓰지 않는다. 그게 내 기준이다.

무책임한 희망보다, 차라리 냉정한 현실의 한 줄이 낫다.

필요한 사람에겐 말할 것이다. 살자고. 버티자고. 끝나지 않았다고. 하지만 원하지 않는 이 앞에서는 조용히 침묵할 것이다.

12절

살아있기가 버거운 날들이 있다. 숨 쉬는 것조차 무겁고, 일어나는 일조차 고통스럽다. 그런 날엔 쉽게 죽음을 생각한다. 그저 모든 걸 끝내고 싶어진다. 그 순간엔 그것만이 유일한 출구처럼 보인다.

지금 짓누르는 문제들, 답 없는 고민들, 엉망이 된 인간관계, 끝이 보이지 않는 불안. 모두 내려놓고 조용히 사라지고 싶어진다. 욕조에 누워 조용히 사라진 예술가들처럼, 누구의 기억에도 남지 않고 끝내고 싶다. 조용히, 깨끗하게.

한때 꿈도 있었다. 이루고 싶은 것들, 만들고 싶은 것들. 하지만 지금 여기까지 왔고, 아무것도 이루지 못한 채 끝난다면, 생각만으로도 처참하다. 마침표를 찍기엔, 너무 초라한 인생이다. 그렇게 끝낼 순 없다.

살아야 한다. 그게 결론이다. 고통의 바닥에서 끌어올려 주는 건 큰 희망도, 거창한 목표도 아니다. 그저 한 사람의 얼굴, 따뜻한 한마디, 그리고 아주 작은 본능. 살고 싶다는, 조금이라도 더 살아보고 싶다는.

절망 속에서도 숨을 고르면 다음 날은 견딜 만하다. 인간은 그런 식으로 살아간다.

잠은 구원이다. 작은 재시작의 문이다. 한 번 더 살아볼 기회.

죽음의 순간에서야 삶의 가치가 선명해진다는 말을 믿는다. 정말 그렇다. 끝이 보이면, 살고 싶어진다. 단 몇 초라도. 그렇다면 지금, 아직 끝나지 않았다면, 오늘부터 다시 살아야 한다. 그게 맞다.

아무것도 이루지 못해도 상관없다. 누구도 관심 갖지 않아도 괜찮다. 살아 있으면 된다. 살아야 한다.

도스토예프스키도 그랬다. 사형 직전, 총구 앞에서 깨달았다. 다시 살 수만 있다면, 제대로 살아보겠다고. 그는 살아남았고, 인생은 다시 시작됐다.

나도 그래야 한다. 내 시간은 아직 끝나지 않았다. 남은 시간은 모른다. 하지만 끝까지 가본다.

지금의 고통도 언젠가 지나간다. 지나간 고통은 자산이 된다. 죽을 것 같던 시간들이 가장 단단한 근육이 된다. 그게 인생이다.

인생은 한 장면으로 결정되지 않는다. 나락도, 고통도, 하나의 장면일 뿐이다. 멈추지 않는다. 비틀거려도, 주저앉아도, 살아 있으면 끝난 게 아니다.

생존은 거창하지 않다. 그저 오늘 하루를 버티는 일이다. 숨을 고르고, 생각을 멈추고, 오늘 하루만 살아낸다. 내일은 내일의 몫이다. 오늘, 단 하루만 끝까지 살아낸다.

13절

죽음이라는 건 별게 아니다. 언젠가는 누구에게나 오고, 그저 예정된 수순일 뿐이다.

언젠가 그런 순간이 오면 굳이 애쓰지 않으려 한다. 고백도, 후회도, 가식적인 미안함도 없이, 그냥 살아온 그대로 마지막까지 가는 거다.

어떤 사람들은 죽기 직전에야 착해진다. 고마움을 말하고, 용서를 빌고, 의미 있는 마지막을 남기려 애쓴다. 그런 게 좀 우스웠다. 살아 있는 동안 그렇게 살지 않았다면, 죽음 앞에서 갑자기 변한다고 그게 진짜가 될 리 없으니까.

살아온 방식이 곧 내 유언이라고 생각한다. 사랑했던 사람들에겐 물론 고맙다. 하지만 그 고마움조차 굳이 말로 포장하고 싶지 않다. 말은 항상 어설프고, 지나치면 도리어 가벼워진다.

죽음 앞에서 괜히 슬퍼할 것도 없다. 남겨진 사람들이 해야 할 일은 애도가 아니라, 그저 자기 삶을 잘 살아내는 것이다.

죽음은 슬픈 일이 아니다. 제대로 살아내지 못한 삶, 그게 더 슬픈 일이다.

14절

기록

살다 보면 그런 순간이 온다. 세상 누구도 알아주지 않고, 어떤 업적도 남지 않고, 기억조차 흐릿해지는 순간.

그런 걸 자주 생각해왔다. 어쩌면 인간이란 존재는 남긴 것보다, 잊히는 속도에 더 가깝다는 걸.

한때 나와 함께 버티던 사람이 있었다. 세상이 뭐라 하든, 그 사람은 그냥 자기 몫의 삶을 살았다. 크게 성공한 것도, 대단히 실패한 것도 아니었다. 그저 견디고, 버티고, 때로는 웃고, 그러다 사라졌다.

그 사람은 죽기 직전까지도 자기 삶이 뭐였는지에 대해 별말을 하지 않았다. 오히려 조용했고, 담담했고, 조금은 허탈했다. 마지막 순간까지도 삶이란, 다 지나가는 것이라는 태도로.

그걸 본 순간, 이상하게도 죽음이 무섭지 않았다. 오히려 모든 걸 가볍게 만들었다. 애써 무언가를 남기려 하지 않아도 괜찮다고, 사라진다는 건 그냥 자연스러운 수순이라고.

그래서 지금도 별걸 남기려고 애쓰지 않는다. 그저 살아 있는 동안, 어떤 마음으로 버텼는지만 기억해 두면 된다.

어차피 다 사라질 것이다. 이름도, 업적도, 사랑도, 원망도. 그 모든 건 언젠가 흩어진다.

그렇다면 남는 건 단 하나다. 어떻게 나아가며 살았는가. 그게 바로 나의 기록이다.

15절

무감

스무 살이었다. 동부이촌동, 오래된 베트남 음식점. 학비랑 생활비 때문에 두 달 정도 일했는데, 참 독특한 곳이었다. 꽃이 크게 그려진 벽, 검정 플라스틱 의자, 새장 같은 디자인의 전등. 주로 홀에 서서 주문받고, 설거지까지 같이 했다.

그곳엔 매일 반복되는 게 있었다. 오픈할 때마다 듣는 쿵쿵거리는 지하철 소리였다. 바로 아래로 지하철이 지나갔고, 바닥이 살짝 진동하면서 낮은 굉음이 매번 깔렸다. 처음엔 기분이 이상했다. 귀가 먹먹해졌고, 가끔은 속이 울렁거렸다.

그런데 어느 순간, 아무렇지 않게 변했다. 소리는 여전히 있었지만, 들리지 않았다. 지하철은 그대로인데, 나만 무뎌졌다. 알바를 그만둘 때까지 단 한 번도 그 소리를 인식하지 않았다.

어느 날, 마지막 퇴근길에 지하철 소리가 몸을 스쳤다. 그제야 알았다. 사람은 반복되는 자극에 무조건 무뎌진다는 걸. 아무리 큰 소리도, 아무리 거슬리는 진동도, 매일 맞닥뜨리면 감각은 닳아 없어진다.

그때부터 조심하기로 했다. 상처도, 슬픔도, 외로움도, 반복되면 안 들리게 된다. 버티다 보면 괜찮아지는 게 아니라, 그냥 감각이 죽어버리는 거다.

살아 있는 채로 느끼고 싶었다. 둔해지지 않으려면, 가끔은 스스로 벗어나야 한다는 걸 그 베트남 음식점에서 배웠다.

: 16절 :

가끔 그런 질문을 받았다. 도대체 어떤 기준으로 선택하고, 어떻게 결정을 내리느냐고. 사람들은 언제나 정답을 알고 싶어 했다. 마치 세상 어딘가에는 반드시 옳은 답이 있고, 그걸 먼저 찾은 사람이 승자가 된다는 듯이.

그런 태도 자체가 틀렸다고 생각한다. 살면서 단 한 번도 완벽한 답은 없었다. 대부분은 어설펐고, 부족했고, 순간마다 흔들렸다. 그게 인간이었다. 그리고 나였다.

한 번은, 압구정의 허름한 카페에 앉아 멍하니 창밖을 본 적이 있다. 그때도 머릿속엔 온갖 갈림길이 어지럽게 흘렀다. 이 선택이 옳은가. 저 사람은 믿어도 되나. 이 길로 가면 망하지 않을까.

그런데 그 순간, 창밖에서 한 남자가 웃으며 가로수를 쓸고 있는 걸 봤다. 바람이 불어 낙엽이 자꾸 다시 날아오르는데, 그는 화내지 않고, 다시 천천히 쓸었다. 그저 할 수 있는 걸, 묵묵히 반복하고 있었다.

그걸 보며 이상하리만치 마음이 가라앉았다. 모든 결정에는 정답이 없지만, 가장 중요한 건 흔들려도 다시 쓸어내는 힘이었다. 실패할 수도 있고, 선택이 틀릴 수도 있다. 그렇다고 멈출 수는 없었다. 넘어지면 일어나고, 실수하면 고치고, 다시 마음을 고쳐먹고, 또 가보는 것이다.

삶의 균형은 넘어지지 않는 데 있지 않다. 넘어졌을 때, 어떻게 다시 일어서는가에 있다.

지나고 나면 아무것도 아닌 일들에 죽을 듯이 괴로워했던 시간들. 완벽해야 한다고 스스로를 몰아세웠던 순간들. 그 모든 게 균형을 잃어서였다. 세상도 나도 늘 요동치고, 흔들리고, 엇갈리는데, 거기서 딱 한 가지, 내가 어떻게 있느냐만이 유일한 기준이 될 수 있다는 걸 그때 깨달았다.

그 이후로 나는 중요한 선택 앞에서도, 딱 한 가지 질문만 던진다. 이게 나를 무너뜨리는 선택인가, 아니면 나를 조금 더 일으

키게 만드는 선택인가.

답은 언제나 그 둘 중 하나였다.

17절

한때는 모든 걸 믿었다. 똑똑해 보이는 사람의 말, 유명한 책, 세상의 상식. 누군가가 확신에 찬 목소리로 말하면, 그게 진리인 줄 알았다. 그렇게 주워 담은 말들은 채워주기는커녕 점점 더 텅 비게 만들었다.

지금 돌이켜보면, 스스로 생각하는 법을 몰랐다. 살면서 들은 대부분의 말들이 내 것이 아니었고, 그 말들이 나를 조종하고 있었다. 좋은 사람, 괜찮은 사람, 그렇게 되어야 한다는 강박은 타인의 언어로 덧칠된 가면일 뿐이었다.

결정적인 순간은 사소했다. 오래 믿어왔던 한 사람의 말이, 알고 보니 사실이 아니었다. 나는 그 말을 따라 내 선택을 정당화했고, 그 선택이 나를 깊은 수렁으로 밀어 넣었다. 그때 깨달았다. 어떤 말도, 어떤 권위도, 어떤 지식도 완전하지 않다는 것. 모든 것은 해석이고, 해석은 늘 흔들린다는 것.

그 이후 나는 훈련했다. 들리는 모든 말에 물음표를 붙이기. 아무리 화려한 언어도, 아무리 유명한 이론도, 맹목적으로 삼키지 않기. 누군가의 말은, 그 사람의 말일 뿐이었다.

어떤 주장도 의심 없이 받아들이는 순간, 나를 잃는다. 사람들은 확신을 사랑하지만, 나는 오히려 의심 속에 머문다. 모르겠다고 말할 수 있는 용기. 결론 내리지 않을 자유. 정답 없는 채로도 살아갈 수 있다는 마음.

세상은 답을 강요한다. 빨리 결정하라, 선택하라, 선명해지라 말한다. 하지만 이제 안다. 서두르지 않고, 쉽게 믿지 않고, 오래 의심하는 사람이 더 멀리 간다는 걸.

그렇게 매일 배운다. 책에서, 대화에서, 내 안의 목소리에서조차, 항상 한 발 떨어져서 바라본다. 나를 망가뜨렸던 건 언제나 무조건적인 믿음이었다.

18절

기도

사람들은 흔히 말한다. 신은 모든 걸 알고 계시다고. 하지만 믿지 않았다. 적어도 내 인생에서는 그런 적이 없었으니까. 진심으로 빌어본 적이 없었다. 그러니까, 내 말은, 그저 입으로만 읊조린 적은 많았지만 진짜 간절하게, 진짜 가슴으로 빈 적은 단 한 번도 없었다.

어릴 때부터 배운 기도문을 습관처럼 외웠다. 하지만 머릿속에는 다른 생각이 가득했다. 돈, 성공, 사랑, 복수. 나는 한 번도 신을 바라보지 않았고, 신도 나를 쳐다본 적 없었다. 그걸 깨달은 건, 삼십 대 중반을 지나면서였다.

그때까지 삶이 공평하지 않은 이유를 신에게 돌렸다. 운명, 재능, 환경, 타이밍. 온갖 합리화를 갖다 붙이며 내 실패와 상처를 포장했다. 그런데 어느 날 문득, 한 가지가 머리를 때렸다. 내가 기도할 자격이 없다는 사실.

기도는 거룩함이 아니라, 일관성이어야 했다. 말과 행동이, 바람과 실천이, 원하는 것과 살아내는 것이 하나로 묶이지 않으면 아무 소용없었다. 나는 겉으로는 깨끗한 척, 속으로는 끝없이 추락하는 삶을 살고 있었다. 그 모순이, 나를 무너뜨렸다.

그 순간, 나는 기도를 멈췄다.

입으로 희망을 말하면서 실제로는 절망만 선택하고 있었다. 입으로 변화를 말하면서 단 한 번도 달라질 용기가 없었다. 입으로 사랑을 말하면서 사람을 이용하고, 밀어내고, 상처 주었다.

그때 깨달았다. 신은 내 입술이 아니라, 내 걸음을 보고 있었다. 기도는 말이 아니라, 살아내는 것이었다.

그 후로 나는 다짐했다. 무언가를 빌기 전에 먼저 살아보고, 원하는 것을 말하기 전에 먼저 내가 그것이 되기로 했다. 이제 나는 말하지 않는다. 나는 그저 걷는다. 내가 진짜로 바라는 것이 있다면, 그건 언젠가 내 발걸음이 말해줄 것이다.

그게 나만의 신앙이었고, 내가 다시 태어난 방식이었다. 신은 듣고 계신다. 하지만 그분은, 내가 진심으로 살아내는 삶의 모양으로 듣고 계신다.

19절

정화

모든 고통은 넘침에서 시작된다. 넘치는 마음, 넘치는 욕망, 넘치는 허상. 그것들은 반드시 썩는다. 터지고, 무너지고, 사라진다.

삶은 가득 채운다고 단단해지지 않는다. 과한 것들은 반드시 정화의 대가를 치른다. 관계도, 성공도, 집착도 마찬가지다. 넘칠 때마다 삶은 무너지기 시작했고, 고통은 피할 수 없었다.

좋은 목적이라도 나쁜 수단이 필요할 때가 있다. 정화를 위해서는 때로는 관계를 끊고, 기회를 버리고, 사람을 밀어내야 한다. 비우지 않으면 썩고, 내려놓지 않으면 망가진다. 선택은 언제나 냉정해야 하고, 때로는 잔인해야 한다.

넘침이 시작될 때, 정화도 시작되어야 한다. 그것이 살아남는 방식이다.

20절

분별

어떤 감정은 늦게 오는 게 맞다. 느낌이 먼저 앞서는 순간, 대부분의 인간은 길을 잃는다. 사랑도 그렇고, 증오도 그렇다. 이유 없이 시작된 감정은 반드시 이유 없는 상처로 끝난다.

처음부터 좋아했던 건, 아무것도 아니었다. 그저 반사신경이 만든 착각일 뿐이었다. 가까이 있다고 다 소중한 것도 아니고, 오래 봤다고 다 진짜인 것도 아니다. 시간과 거리는 기준이 아니다.

인간은 선택할 수 있어야 한다. 좋아할 이유가 있을 때 좋아하고, 떠날 이유가 있을 때 떠나야 한다. 감정도, 관계도, 마음도. 본능이 아니라 분별로 움직이는 게 인간이다.

한때 귀여웠던 사람도, 한때 사랑스러웠던 순간도, 시간이 지나면 시험대에 오르게 된다. 남겨진 마음은 증명되어야 한다.

그걸 피하지 않는 것이 진짜 사랑이고, 진짜 신뢰다.

사람은 스스로 결정해야 한다. 사랑할지, 멀어질지, 끝낼지. 어떤 선택이든, 망설이지 않고, 눈을 뜬 채로.

: 21절 :

세상은 자꾸만 위로 올라가라 한다. 높은 자리에 앉으라고, 더 많이 가지라고, 남들보다 앞서라고. 그런데 올라갈수록 알게 된다. 진짜 중요한 건, 거기에 없다는 걸.

높은 자리는 공허하다. 사람들은 웃지만, 진심은 없다. 말을 건네지만, 마음은 없다. 모두가 예의를 갖추지만, 누구도 나를 보지 않는다. 그들이 향하는 건 사람의 얼굴이 아니라, 위치와 이름이다. 그것에 달려서 오는 존경은 아무 가치가 없다. 거절할 수 없는 존경은 진짜가 아니니까.

높이 올라갈수록, 사람들은 멀어진다. 가까이 오는 이들은 얻을 게 있는 자들뿐이고, 아무것도 바라지 않는 사람은 어디에도 없다. 결국 혼자다. 사람들 속에 둘러싸여도, 혼자다.

어느 순간 깨닫게 된다. 진짜 부유한 삶은, 혼자 있어도 괜찮은 삶. 아무것도 없어도 무너지지 않는 마음. 거절해도 괜찮은 관계.

세상은 자꾸 성공을 말하지만, 성공은 나를 비워간다. 더 가질수록, 더 잃는다. 더 올라갈수록, 더 멀어진다.

가장 소중한 것은 처음부터 내 안에 있었다. 어떤 자리도, 어떤 이름도, 어떤 허상도 그걸 대신할 수 없다.

그래서 더 이상 가지려고 하지 않는다. 세상의 빈 껍데기에 마음 주지 않는다. 언젠가 모든 게 사라져도 괜찮을 만큼, 가볍고 단단하게 살기로 한다. 그게 진짜 삶이다. 진짜 자유다.

22절

거리

모든 관계는 적당한 거리가 필요하다. 가까움은 애틋함을 갉아먹고, 지나친 밀착은 숨통을 조인다.

사람들은 자주 착각한다. 함께 있는 시간이 많을수록, 서로를 더 사랑한다고. 하지만 진실은 다르다. 아무리 좋은 것도 매일 마주하면 시들고, 아무리 뜨거운 마음도 가까이 붙들어 놓으면 식는다.

간격이 있어야 애틋함도 생긴다. 떨어져 있을 때 비로소 떠오르는 장면이 있고, 곁을 떠날 때 더 뚜렷해지는 마음이 있다. 거리는 무너짐이 아니라, 관계를 지키는 숨구멍이다.

사랑이든 우정이든, 언제나 나눠줘야 오래간다. 상대를 쥐어짜서 안에 남김없이 쏟아내려 하면, 텅 비고 만다. 손에 꼭 쥐면 부서지고, 가볍게 놓아야 오래 머문다. 물리적인 곁에 있는 것보다, 마음이 연결되어 있는 게 중요하다.

좋은 관계는 서로의 시간을 나눠 쓰고, 서로의 자유를 존중하는 것에서 시작된다. 애써 붙잡으려 하지 말고, 멀어질 자유도 허락해야 한다.

서로를 덜 소유하고, 덜 기대고, 덜 붙잡을 때 비로소 깊어진다. 그것이 오래가는 방식이다. 지나친 친밀은 때로 독이 된다.

23절

기준

사람들은 기준을 만든다. 지키지 못할 걸 알면서도, 더 높이 세운다. 더 완벽해야 하고, 더 올발라야 하고, 더 바르게 살아야 한다고 외친다. 그리고 그 외침 속에서, 가장 먼저 무너지는 건 자신이다.

어떤 기준은 인간의 본성과 어긋난다. 욕망을 부정하고, 실수를 허용하지 않고, 완벽함만을 강요한다. 그 결과는 뻔하다. 누구도 지킬 수 없는 가짜 규칙 아래 모두가 거짓말을 한다. 겉으로는 선한 척, 바른 척, 고결한 척. 그러나 안으로는 모두 무너져 있다.

진짜 인간다움은 법이 아니라 균형에서 온다. 삶의 많은 순간은 모호하다. 정답이 없다. 무엇이 옳고 그른지, 어디까지가 허용이고 어디부터가 잘못인지 명확히 나눌 수 없다. 그런데도 세상은 흑과 백으로 자르려 한다. 딱 떨어지는 답을 강요한다.

스스로에게 묻자. 지킬 수 없는 기준을 세우는 이유가 무엇인지. 누구를 위해, 무엇을 위해, 그렇게 자신을 옥죄는지. 결국, 완벽을 흉내 내는 동안 진짜 삶은 사라진다. 타인의 기준에 자신을 맞추는 사람은 끝내 자신을 잃는다.

덜 완벽하고, 덜 옳고, 덜 고결해도 괜찮다. 진짜 인간은 실수하고, 욕망하고, 흔들리면서도 자기 자신으로 산다. 그게 인간이다.

: 24절 :

세상은 틀렸다. 하지만 대부분은 그것조차 모른다.

사람들은 허상 위에 삶을 세운다. 정확하지 않은 시간, 완벽하지 않은 기준, 믿을 수 없는 이야기들. 애초에 출발부터 틀어져 있는데, 그 위에 무엇을 쌓든 허물어진다. 그럼에도 사람들은 매달린다.

확신은 대체로 거짓이고, 의심 없는 믿음은 위험하다. 무엇이 진짜인지 묻지 않고, 그럴듯한 것에 안도하며, 비어 있는 말을 진실처럼 받아들인다. 사람들은 진실을 구하는 게 아니라, 믿고 싶은 걸 찾는다. 그래서 거짓은 빠르게 퍼지고, 진실은 늘 늦는다.

모든 변화는 사람을 불안하게 만든다. 그래서 변화 자체보다, 변화에 대한 공포가 더 문제다. 달력 하나 바뀌어도, 시간을 재는 방식 하나 뒤집어져도, 사람들은 흔들린다. 하지만 여전히 해는 뜨고, 사람들은 밥을 먹고, 누군가는 다시 속고, 누군가는 다시 믿는다.

진실과 거짓은 겉으로 보면 똑같다. 말도 행동도 다르지 않다. 그래서 대부분은 구분조차 하지 않는다. 어쩌면 진짜 문제는 속는 것이 아니라, 스스로 속길 원하는 마음일지 모른다.

진실을 아는 게 중요한 게 아니다. 덜 속는 쪽으로, 덜 미혹되는 쪽으로 가는 게 중요하다. 세상의 절반은 허상이고, 나머지 절반은 그 허상을 믿는 인간들이다.

그걸 알아야 비로소 흔들리지 않는다.

25절

사람은 말로 움직이지 않는다. 태도와 기류에 반응한다. 겉으로는 웃으며 손을 내밀어도, 상대의 눈은 먼저 그 속의 불안을 읽는다. 목소리는 숨긴다. 표정도 감춘다. 그런데도 이상하게도 기류는 드러난다. 확신이 없는 사람은 가짜다. 그리고 가짜는 반드시 들킨다.

세상은 착각한다. 유연함과 온순함, 겸손과 저자세가 갈등을 풀어줄 거라 믿는다. 하지만 위기의 순간, 상대는 그것을 굴복으로 읽는다. 넘어뜨릴 기회를 얻었다고 받아들인다. 선을 넘고, 망가지고, 무너진다.

상대를 변화시키는 건 태도의 결이다. 단호함, 흔들림 없음, 명료함. 말보다 먼저 눈빛이 나서고, 표정보다 먼저 분위기가 말을 건다.

그러니 중요한 순간엔, 우선 확신이 서야 한다. 그 확신이 없다면, 함부로 움직이지 마라. 사람은 말귀가 아닌 기류에 속는다. 그 기류가 사람의 마음을 지배한다.

인생은 타협으로 사는 게 아니다. 타협은 타인을 달래지만, 확신은 타인을 바꾼다. 어느 쪽에 서겠는지 정해야 한다. 선명하게. 분명하게. 반걸음도 물러서지 말고.

26절

실행

세상은 말로는 아무것도 바뀌지 않는다. 입으로만 사는 인간들, 생각만 앞서는 사람들, 다 무너진다. 사람이 바뀌는 건, 단 하나. 움직일 때다.

대부분은 안다. 뭐가 문제인지, 뭘 해야 하는지. 하지만 움직이지 않는다. 그건 모르는 게 아니다. 하기 싫은 거다.

사람은 불편함을 피하려고 태어난 존재다. 그래서 아무리 똑똑해도, 아무리 많이 배워도 움직이지 않으면 아무 소용 없다. 행동이 없는 앎은 쓰레기다.

스스로를 훈련시키지 않는 사람은 자기 삶의 방향도 잃는다. 생각만 많은 사람은, 그 생각에 잡아먹힌다.

세상엔 두 부류밖에 없다. 실행하는 사람과 핑계 대는 사람. 말은 누구나 한다. 하지만 살아남는 건, 제 손으로 길을 만드는 인간이다.

이해하려 하지 마라. 먼저 해라. 손을 대라. 몸을 써라. 말과 생각은 그다음이다.

생각만 하다가 죽는 사람, 세상엔 널렸다. 무너진 자들의 공통점은 똑같다. 움직이지 않았다. 그게 전부다.

스스로에게 물어라. 오늘 한 발 내디뎠는지. 가장 작은 일이라도 행동했는지. 그 답이 없다면, 이미 방향은 정해져 있다.

멈춘 사람은 죽은 사람이다. 살아있다면, 움직여라.

27절

자율

세상엔 두 종류의 인간이 있다. 스스로 생각하는 사람과, 남의 생각을 빌려 쓰는 사람. 대부분은 두 번째다. 학교에서 배운 것, 사회가 알려준 것, 누군가가 정해준 정답을 그대로 외워서, 자기 말처럼 반복하다가 늙어간다.

그런 사람은 끝까지 타인의 인생을 산다. 자기 생각이라 착각하지만, 사실은 어디서 들은 이야기, 어디선가 주워온 방식, 그리고 끝없는 따라 하기.

스스로 생각하는 인간은 다르다. 누가 뭐라고 해도, 마지막 선택은 자기 손으로 한다. 삶의 방식, 관계의 거리, 성공의 속도, 모두 스스로 결정한다.

살아남는 건, 머릿속에 얼마나 많은 걸 쌓았는지가 아니라, 자기 방식대로 살아본 사람이다. 생각만 하는 사람은, 움직이지 않는다. 움직이지 않으면, 아무것도 바뀌지 않는다.

나는 그래서 방식을 바꿨다. 주어진 대로 살지 않는다. 가르침 그대로 따르지 않는다. 배운 걸 토대로, 반드시 내 방식으로 재해석한다.

인간은, 스스로 걸어본 길만 기억한다. 직접 해본 일만 몸에 남는다. 그래서 중요한 건, 지식을 얼마나 가졌느냐가 아니라, 그걸 어디까지 써봤느냐다.

생각하는 법을 배워라. 스스로 결정하는 법을 익혀라. 그리고 반드시, 그 생각을 삶으로 가져와라.

세상의 소음은 멈추지 않는다. 정답은 쏟아지고, 누군가는 늘 이렇게 살아야 한다고 말한다. 하지만 끝까지 나를 지키는 건, 내가 만든 내 방식이다.

28절

유대

어떤 관계는 애초에 끝이 정해져 있었다. 스쳐야 할 사람이었고, 얇은 마음의 테두리만 잠깐 닿았다가 멀어졌어야 했다. 하지만 인간은 종종 착각한다. 모든 만남이 특별해야 하고, 오래 가야 하며, 반드시 의미가 있어야 한다고. 처음부터 아니었던 것을, 억지로 이어붙인다.

지금 생각하면, 그 사람과의 인연도 그랬다. 우연히 같은 공간에 있었고, 몇 번 웃었고, 연락 몇 번 오갔을 뿐인데, 어느새 의미를 덧칠하고, 이름을 붙이고, 관계라 믿었다. 그러다 어느 날, 아무런 예고도 없이 멀어졌다. 연락이 뜸해지고, 대화가 짧아지고, 아무 말도 하지 않게 되었다. 싸운 것도, 다툰 것도 없었다. 그냥 그렇게, 조금씩 조용히 멀어졌다.

그때 알았다. 모든 인연이 유의미해야 할 필요는 없다는 걸. 스쳐야 할 사람이 있고, 머물러야 할 사람이 있다. 구분하지 못하

면, 기대하다가 다친다.

진짜 유대는 따로 있다. 말없이도 마음이 닿는 사람. 묻지 않아도 믿음이 있는 사람. 가끔 스치듯 연락해도 어색하지 않고, 이유 없이 오래가는 사람. 그런 인연은 드물다. 억지로 만들 수도 없다. 노력으로 유지되지도 않는다.

그 사람과는 지금도 연락하지 않는다. 하지만 한동안 내 마음을 떠나지 않았다. 아마 그 인연은, 처음부터 그렇게 지나가야 했던 것 같다. 서로를 구하려 하지 않았고, 붙잡지 않았고, 무너지지도 않았다. 그런 연결도 있다. 서로에게 조용한 틈으로 남는 것.

세상 대부분의 관계는 가볍다. 타이밍 맞춘 말, 적당한 친절, 그게 전부다. 그래서 더 허전하다. 하지만 진짜 유대는 다르다. 속도 없이, 설명 없이, 존재 자체로 충분한 연결. 말보다 조용한 태도, 설명보다 오래가는 온기.

그런 사람이 있다면, 무리해서 붙잡지 말고, 조용히 곁에 머무는 것. 그걸로 충분하다.

29절

살아남는다는 건, 거창한 일이 아니다. 대단한 이유도 필요 없다. 그저 하루를 견디는 일이다.

누구도 알아주지 않는 싸움, 보여주지 않는 상처, 끝도 없는 반복. 가끔은 숨 쉬는 것조차 버겁다. 아무 일도 없는 하루가 더 견디기 힘들다. 그렇다고 모든 걸 내려놓을 수는 없다. 내려놓는 순간, 끝이다.

무너지지 않으려면 버텨야 한다. 말 그대로 버티는 것이다. 어떤 날은 정신으로, 어떤 날은 몸으로, 더는 아무것도 남지 않은 날에는 그냥 시간으로 버틴다. 그렇게 하루가 가고, 또 하루가 온다.

살다 보면 벼랑 끝에 서는 순간이 있다. 그 순간에는 논리도, 자존심도, 아름다운 말도 필요 없다. 그냥 발을 떼지 않는 것.

떨어지지 않는 것. 그게 전부다.

누군가는 그것조차 비겁하다 말하겠지. 나약하다고, 용기가 없다고. 하지만 버틴 자만이 말할 수 있다. 살아서 맞는 바람과 죽어서 맞는 바람은 다르다. 어떤 고통도, 어떤 절망도, 살아 있어야 느낄 수 있다. 살아 있는 자만이 새로운 장면으로 넘어갈 기회를 가진다.

어떤 밤은 정말 끝날 것 같았다. 아무도 없는 방, 마른 입술, 텅 빈 마음. 이게 의미가 있는지 스스로에게 물었다. 하지만 답은 필요 없었다. 그냥 견디기로 했다.

먹을 게 없으면 쓰레기통을 뒤지고, 잘 데가 없으면 어디든 몸부터 숨긴다. 자존심, 가치관, 체면 같은 건 그다음 문제다. 일단 살아야 한다.

다시 내일이 온다. 어떻게든 버텨낸 사람만이 맞이할 수 있는 내일. 어쩌면 별거 아닐지도 모른다. 그래도 끝까지 가본다. 숨이 붙어 있는 한, 무너지는 법은 없다.

30절

잔상

서울은 언제나 분주하다. 누군가는 서두르고, 누군가는 기다리고, 또 누군가는 아무 일 없는 얼굴로 지나간다. 하지만 대부분의 움직임엔 목적이 없다. 달리는 차도, 빛나는 간판도, 길가의 사람들도 다 거기 있는 것 같지만, 어쩌면 아무 데도 닿지 않는다.

어릴 땐 그걸 몰랐다. 움직이면 뭐라도 되는 줄 알았다. 관계도, 성공도, 행복도, 어쨌든 바쁘면 얻어지는 줄 알았다. 그래서 애썼다. 어디에도 닿지 않는 속도로 살아냈다.

남은 건 지친 몸과 엉킨 마음이었다. 허겁지겁 쌓은 것들은 어이없이 무너졌고, 남겨진 건 타인의 시선과 내 안의 허기뿐이었다. 그리고 알게 됐다. 빠르게 움직인다고 무조건 살아지는 건 아니라는 걸. 속도에 집착한다고 방향이 생기는 건 아니라는 걸.

사람들은 여전히 앞다퉈 어디론가 간다. 더 많이, 더 높이, 더 빠르게. 좋은 옷, 좋은 차, 좋은 집, 좋은 관계. 좋은 것들은 끝없이 쏟아지지만, 정작 마음은 비어 있다. 불안하다. 불안하니까 또 뭘 채운다. 채우고도 또 불안하다. 그리고 어느 날 문득 깨닫는다. 그 모든 게 잔상이라는 걸.

비워야 한다. 더 가질수록, 더 비워야 한다. 움켜쥘수록, 더 흘려보내야 한다. 아무도 알려주지 않지만, 진짜 중요한 건 손에 남지 않는다. 모든 건 흘러가고, 사람도, 자리도, 순간도 사라진다. 기억 속에 남는 건 아주 작은 잔상뿐이다.

그래서 지금은 천천히 간다. 아주 오래 쓸 물건 하나 고르고, 필요한 사람에게만 마음 열고, 붙잡지 않는다. 흘려보낼 건 흘려보낸다.

어디든 닿을 필요 없다. 서두르지 않아도 된다. 살아가는 일은 본래 그렇게 비워내는 쪽에 가깝다. 그래야 잔상도 흐리지 않다.

31절

말은 쉽다. 비웃고, 깎아내리고, 흠집 내는 건 누구나 할 수 있다. 도시의 매연처럼, 그런 말들은 매일 떠돈다.

문제는, 그런 말들이 과연 나를 움직일 수 있느냐다.

어떤 비난은 날카롭다. 어떤 조롱은 잔인하다. 하지만 스스로 이미 알고 있는 말이라면, 그 모든 화살은 공허하게 흩어진다.

견딜 수 없는 건 말의 무게가 아니라 그 말에 내가 얼마나 휘둘리느냐다. 견고한 사람은 스스로의 흠까지 품는다. 무너지는 사람은 남의 입을 빌려 스스로를 부순다.

누구의 말도 막을 순 없다. 다만 그 말이 나를 어떻게 건드릴 것인지는 스스로 정할 수 있다. 나약한 자는 한마디에 흔들리고, 지독한 자는 끝내 웃는다.

세상은 말로 덮여 있다. 말로 상처 주고, 말로 포장하고, 말로 살아간다. 그래서 더욱, 말에 기대지 않고 살아야 한다.

어차피 말은 공기다. 흩어지고, 사라지고, 아무것도 남지 않는다. 남는 건, 말이 아니라 태도다.

그저 조용히 걸으면 된다. 소란도, 빈정거림도, 지나가게 두고.

: 32절 :

살다 보면, 때로는 둔감해야 버틸 수 있다. 세상이 복잡한 건, 사실 세상이 복잡해서가 아니다. 머릿속이 지나치게 살아 있기 때문이다.

계속 쪼개고, 파고들고, 분석하고, 조각조각 따지다 보면 길을 잃는다. 좋은 선택이든 나쁜 선택이든, 대부분은 결단 하나로 갈리는 일이다. 그런데 생각은 늘 그 자리에 붙들어 두고 도망치게 만든다. 안전하다고 착각하게 하고, 나중으로 미루게 한다. 그렇게 시간을 까먹는다.

쓸데없이 예민한 머리와 지나치게 맑은 정신은 오히려 인생을 망친다. 가끔은 흐릿해야 한다. 대충이라도 밀고 나가야 한다. 틀려도 상관없다. 어차피 가만히 앉아 있어도 삶은 망가진다.

누군가는 늘 정교하게 계획만 세우다 늙어가고, 누군가는 엉

성한 발걸음으로 먼저 도착한다. 둘 중 뭐가 맞는지는 중요하지 않다. 중요한 건, 발이 땅에 닿아 있느냐다.

세상 일 대부분은 완벽하게 맞출 수 없다. 그러니 일정 지점에서 손을 놔야 한다. 생각을 잠시 죽이고, 가는 것이다. 어차피 진짜 방향은 길 위에서만 보인다.

33절

사람은 누구나 두 개의 얼굴로 산다. 겉과 속, 표면과 내면. 겉은 대개 잘 관리된다. 분노도, 슬픔도, 불안도. 적당히 눌러놓고, 적당히 웃는다. 세상은 그렇게 살아야 편하니까.

문제는 속이다. 쌓이는 마음, 돌지 못한 말, 삼킨 감정들은 결국 틀어진다. 언젠가는 폭발하거나, 더 자주, 조용히 썩어간다. 드러내지 않는 감정은 사라지지 않는다. 숨긴다고 멀어지는 게 아니다.

그래서 가끔은 흘려야 한다. 완벽한 얼굴을 버리고, 계산 없는 분노도 허락해야 한다. 세련되지 않은 말, 모양 빠진 행동, 철 없어 보이는 반응. 그것들 없이는 안쪽이 망가진다.

화를 낼 줄 모르는 사람, 슬퍼할 줄 모르는 사람, 모든 걸 품고 삼키기만 하는 사람의 끝은 늘 같다. 내면의 독으로 자기를 파괴한다.

사람 사이의 신뢰도, 연결도 표면에서 시작된다. 꾸밈없는 반응, 숨기지 않는 감정, 진짜 살아 있는 얼굴. 어설퍼도, 지저분해도, 그런 표면이 살아 있다면 관계는 이어진다. 문제는 그게 사라졌을 때다. 모두에게 괜찮은 사람이 되려고, 스스로에게 아무것도 아니게 되는 순간.

그러니 적당히 드러내고, 적당히 흘리고, 너무 많은 걸 가두지 않는 것.

그 정도로 충분하다. 아름답지 않아도, 올바르지 않아도, 사람은 그렇게 견뎌진다.

34절

무지

힘들 때마다 견딘 힘은 무지였다. 그게 아이러니다. 모를 때 더 단순했고, 단순할 때 더 오래 버텼다. 괴로움을 견딘 건 철학이 아니라 무감각이었고, 두려움을 넘긴 건 지식이 아니라 무지였다.

살다 보면 알게 된다. 아는 척하는 인간은 쉽게 부서진다는 걸.

어설픈 깨달음은 독이다. 어느 순간부터 작은 통증에도 병을 의심하고, 별일 아닌 일에 징조를 찾는다. 생각은 병이 되고, 상상은 고통이 된다.

자기 머리로 덮어씌운 두려움에 자기 손으로 덫을 놓고 걸려든다. 아무 일도 없는데 불안하고, 별일도 아닌데 걱정으로 무너진다. 과거의 잘못, 미래의 불안, 남의 시선. 다 인간 스스로 짜낸 허상이다.

그래서 비워야 버틴다. 덜 알아야 견딘다. 철학도, 지식도, 다 내려놓고 그냥 당장의 하루, 당장의 공기, 당장의 발걸음. 때로는 그 정도만 알고 가는 게 맞다.

35절

몸뚱이 하나로 버틸 수 없는 인간들이 많다. 그들은 옷에 기대고, 숫자에 기대고, 타이틀에 목숨 건다. 살면서 한 번도 자신을 맨몸으로 마주친 적 없는 얼굴들. 껍데기가 벗겨지면 끝장나는 인간들은 그래서 껍데기에 집착한다.

누구든 실체를 보려면 벗겨봐야 한다. 말도 벗기고, 표정도 벗기고, 가면도 벗기고. 걸치고 있는 것들은 대부분 그 인간의 것이 아니다. 어쩌다 얻은 직위, 운 좋게 쥔 돈, 남의 시선으로 얻은 권위. 그 모든 게 벗겨졌을 때, 거기 아무것도 없으면, 그건 그냥 빈 껍데기다. 말랑하고, 약하고, 스스로를 지탱하지 못하는 존재.

어떤 인간은 벗겨질수록 단단해진다. 말을 빼면 더 묵직해지고, 지위를 떼면 더 자유로워진다. 눈빛 하나로도 버티는 인간이 있고, 짐승처럼 살아도 중심이 무너지지 않는 인간이 있다.

무게가 다르다.

웃긴 건 세상은 여전히 겉껍질에 절한다. 비싼 옷, 좋은 차, 유명한 타이틀. 이런 걸 두고 사람들은 가치를 논하고, 성공을 말하고, 부러워한다. 한심하지만, 그 틀 안에서만 살다 죽는 인간이 대부분이다. 껍데기 하나라도 잃을까 봐 벌벌 떨면서.

진짜 인간은 벗겨진 자리에서 드러난다. 부서지든, 서든, 거기서 갈라진다. 마지막까지 남는 건 껍질이 아니라 속살이다.

그러니 물어야 한다. 지금 걸치고 있는 게 정말 자신인지, 아니면 그저 두려움 때문에 들러붙은 껍질인지. 스스로도 헷갈린 채로 죽어가는 인간이 너무 많다.

36절

고립

어떤 고통은 실체가 없다. 죽음의 문턱 앞, 몸이 부서지고 얼굴이 일그러진 사람을 보며 사람들은 말한다. 잔인하다, 안타깝다, 끝까지 고통스럽다고. 그러면서 속으로 안도한다. 나는 저렇게 되진 않겠지. 하지만 그건 착각이다.

그 순간, 의식은 없다. 몸이 진창에 빠지듯 무력해질 때, 영혼도 같이 꺼진다. 고통도, 두려움도, 자각도 없이 조용히 사라진다. 죽음은 그렇게 감각 없이 찾아온다.

진짜 비극은 따로 있다. 몸은 살아 있는데 목소리가 사라진 경우. 감정은 또렷한데 어디에도 닿지 못하는 상태. 생각은 끓고 있는데, 세상과 완전히 끊겨버린 상태. 그게 지옥이다.

이런 고립은 병실이 아니라 일상에서 더 자주 나타난다. 언어 없는 단절, 반응 없는 대화, 돌아오지 않는 눈빛. 몸은 움직이지만, 내면은 이미 꺼져 있다. 그건 죽음보다 더 조용하고 더 깊다.

사람이 진짜 바라는 건 단순하다. 자신의 고통을 누군가 알아봐 주는 것. 하지만 대부분은 끝까지 외롭다. 말할 수 없어 무너지고, 들을 수 없어 고립된다.

그걸 견디는 사람만이 살아남는다. 침묵을 견디고, 단절을 견디고, 존재의 비어 있음을 감당해 내는 사람. 그건 누구도 대신해줄 수 없는 일이다.

언젠가는 누구나 그곳에 간다. 혼자서. 아무도 거기까진 따라오지 않는다.

37절

멈추면 끝이다. 움직이지 않으면 사라진다.

사람들은 늘 신중하라고 말한다. 두 번 생각하고, 세 번 의심하라고 한다. 참으면 잃지 않을 거라 믿는다. 하지만 그렇게 조심하다 끝난 인생을 수도 없이 봐왔다. 지키려는 마음만으로는 아무것도 남기지 못했다. 움직이지 않는 사이에 기회는 썩어간다. 관계는 멀어지고, 타이밍은 지나가고, 삶은 무너진다.

중요한 건 하나다. 위험을 감수하든지, 그냥 무너지든지.

완벽한 타이밍은 오지 않는다. 모든 조건이 갖춰지는 순간은 없다. 살아남는 사람은, 두려워도 먼저 뛰어드는 사람이다.

지금 당장 무너질 걸 알아도 움직여야 한다. 망가질 위험을 안고서도 결단해야 한다. 타인의 눈치를 보다가 놓쳐버린 자리,

스스로를 속이다 잃어버린 순간을 다신 반복하지 않겠다.

선택은 항상 스스로의 몫이다. 누구도 대신해 주지 않는다. 어느 쪽이든 끝까지 가는 사람이 모든 걸 가져간다.

망설이지 말 것. 미루지 말 것. 움직일 것.

38절

도약

언제까지 관망만 할 건가. 세상은 기다려주지 않는다. 움직이지 않는 사람은 무너진다. 너무 오래 망설이면 밀려난다. 안전지대란 착각이다.

누군가는 조심하라고 하고, 누군가는 기다리라고 한다. 선택의 대가는 온전히 자기 몫이다. 실패해도, 망가져도, 일어서는 것도 스스로다.

기회는 원래 거칠다. 다 준비된 자리를 차지하려면, 평생 기다려야 한다.

움직여야만 보인다. 부딪쳐야만 얻는다.

어설픈 계산으로는 길을 뚫을 수 없다. 머뭇거리다 잃어버린 순간들은 돌아오지 않는다. 흔들리는 마음은 나를 파괴한다.

세상이 기억하는 건 늘 뛰어든 사람이다. 이겼든 졌든, 결과보다 선택의 순간이 그 사람을 만든다.

주저하지 마라. 뒤를 돌아볼 시간에 한 발 더 내딛어라. 어차피 누구도 당신을 대신해 결정해 주지 않는다. 오롯이 스스로, 가장 날것으로.

넘어질 걸 알아도, 뛰어들어야 끝이 있다.

39절

어떤 일들은 흘러가게 두어야 한다. 억지로 붙잡으려 하면 부서지고, 계산하려 하면 어긋난다. 계획이 엇나가는 건 언제나 그 계획이 지나치게 촘촘했기 때문이다.

사람도 그렇다. 의심하고 경계하면 그 틈이 벌어진다. 어떻게든 지켜내려고 안간힘을 쓰다 보면, 이미 무너진 자리 위에 서 있는 자신을 보게 된다.

어떤 때는 그런 일이 있었다. 모든 상황이 망가질 수 있었고, 어떤 계산도 무의미한 순간이었다. 그저 자연스럽게, 거기에 섞여 있었다. 조금도 경계하지 않고, 조금도 움츠러들지 않고, 그냥 받아들였다. 그리고 모든 것이 지나갔다.

사람들은 위험을 막으려고 안간힘을 쓴다. 의심하고, 계산하고, 자신을 움켜쥐려고 한다. 하지만 인생의 어떤 장면은 그렇

게 다루어지지 않는다. 그냥 흘러가야 풀린다.

믿음을 가졌기 때문에 손해 본 적도 있었고, 의심을 내려놨기 때문에 구해진 적도 있었다. 세상은 계산으로 다 풀리지 않는다. 아무리 철저히 대비해도 무너질 때는 순식간이다. 반대로, 아무것도 없이 가벼웠기에 살 길이 열리기도 한다.

그 순간, 사람의 얼굴과 몸짓은 본능적으로 읽힌다. 계산으로 다가가는 사람과, 있는 그대로인 사람은 한눈에 구분된다. 진짜 위험은 몸에 걸쳐진 갑옷이 아니라, 마음에 걸쳐진 가식에서 나온다.

그래서 이제는 그렇게 산다. 의심보다 흐름에, 계산보다 순간에, 불안보다 신뢰에 몸을 맡긴다. 어차피 모든 걸 움켜쥐려 해도 잡히는 건 한 줌뿐이다.

흐르는 건 흘러가게 두는 것. 붙잡아야 할 건 잡고, 놓아야 할 건 놓는 것. 가장 위험한 순간에도 가장 평온할 수 있는 힘은 바로 거기서 나온다.

어떤 길은 그렇게 지나가야 한다. 어떤 사람도 그렇게 지나가게 두어야 한다. 그게 끝이든, 시작이든, 중요한 건 억지로 막지 않는 것이다. 흘러야 흘러간다.

40절

삶의 절반은 착각으로 채워진다. 보이지 않는 것을 믿고, 일어나지 않은 일을 걱정하며, 오지 않은 미래에 무너진다. 가만히 들여다보면, 대부분의 고통은 현실이 아니라 상상에서 비롯된다.

두려움은 언제나 그 자체로는 아무것도 아니다. 하지만 사람들은 두려움을 진짜처럼 여긴다. 상상에 지고, 마음에 지고, 자기 자신에게 진다. 현실은 가만히 있는데, 머릿속에서는 수백 번 무너지고 깨진다.

상상은 몸에도 흔적을 남긴다. 누군가는 아프지도 않은 병을 앓고, 누군가는 실패하지도 않았는데 좌절한다. 보이지 않는 공포는 몸을 굳게 하고, 움직이지 않는 두려움은 삶을 멈추게 한다.

어리석은 건, 이 모든 것이 실제로 일어난 일이 아니라는 점이다. 이기고 지는 건 대부분 마음속에서 끝난다. 상상으로 지고, 상상으로 이긴다. 어떤 사람은 착각 하나로 무너지고, 어떤 사람은 똑같은 착각 하나로 버텨낸다.

어떻게 살아야 하느냐고 묻는다면, 답은 간단하다. 어차피 무너질 것이다. 어차피 실패할 것이다. 어차피 죽을 것이다. 그렇다면 착각이라도 좋은 쪽으로 하면 된다.

내일 무너질까 두려워 오늘을 버릴 이유는 없다. 어차피 삶은 늘 무너졌다가 다시 일어나는 일의 반복이다. 멈추는 건 착각이고, 무너지는 것도 착각이고, 끝났다고 믿는 것도 착각이다. 실제로 끝난 것은 없다. 언제나 다시 시작하는 것뿐이다.

41절

다짐 없이 사랑을 말하지 않겠다.

내가 당신을 사랑한다고 말하는 건, 그 말의 무게를 알고 있다는 뜻이다. 당신 앞에서 어떤 삶을 살 것인지, 어떻게 행동할 것인지, 그 모든 걸 포함해 '사랑한다'고 말하는 것이다.

당신과 함께하겠다는 말은, 내가 살아온 모든 과거를 내려놓고, 당신과 함께할 시간을 위해 새로 태어나겠다는 뜻이다.

내가 당신의 남편으로 살아간다는 건, 좋은 사람이라는 말보다 먼저, 당신에게 해롭지 않은 사람이 되겠다는 약속이다. 당신 앞에서 더 이상 내 인생이 아니라, 우리의 인생을 선택하겠다는 다짐이다.

지키지 못할 말은 하지 않겠다. 벅찬 미래를 그리기보다, 하루 하루를 정직하게 살겠다. 당신이 불안해질 때마다, 내가 할 수 있는 방식으로 곁을 지키겠다. 사랑한다는 말은 그저 위로가 아니라, 내가 당신에게 평생 짊어질 책임이라는 걸 잊지 않겠다.

당신의 모든 순간에, 내가 부끄럽지 않게 남겠다. 삶이 휘청여도 하루가 버거워도, 약속은 끝나지 않게 살겠다.

그게 내가, 당신의 남편으로 살고 싶은 이유다.

42절

소각

사랑은 부드럽게 시작하지만, 끝은 항상 날카롭다. 처음엔 가볍게 스며들지만, 어느 순간부터는 사람의 모양을 지워가기 시작한다. 성격이 변하고, 말투가 달라지고, 자기 기준이 무뎌진다. 사랑이 깊어졌다는 증거는 감정이 아니라 손상이다.

사랑은 사람을 무너뜨리며 다가온다. 처음엔 껍질을 벗긴다. 겉으로 붙이고 있던 단단한 말투, 체면, 이성 같은 것들을 하나씩 걷어낸다. 그다음엔 분류한다. 필요 없는 생각은 밀어내고, 필요한 감정만 남긴다. 거기까지 오면 이미 어느 쪽으로든 선택이 불가능해진다.

이후엔 갈아버린다. 사람을 갈아 일관성과 자존감을 부순다. 자기 확신이 있던 영역이 모조리 백지화된다. 말은 줄어들고, 호흡은 거칠어지고, 무의식적으로 상대의 표정을 분석한다. 그때쯤이면 자신이 사랑받고 있는지조차 판단할 수 없는 상태가 된다.

그래서 사랑은 재구성이다. 완성된 인간을 부숴서 다른 구조로 다시 짓는 작업이다. 거기에는 반드시 파괴와 소각의 단계가 포함된다. 사람을 빵처럼 구워내는 게 아니라, 가루로 만들어 태우는 과정이다. 태워진 사람만이 이후의 삶에서 쓸 수 있는 감각을 얻는다.

43절

사람들은 사랑이 고통스럽다고 말한다. 그래서 점점 더 안전한 사랑만 찾는다. 확신 없는 시작은 피하고, 상처받을 가능성이 보이면 거리를 둔다. 하지만 그렇게 쌓은 관계는 아무것도 남기지 않는다. 말은 주고받지만 감정은 비껴가고, 함께 있어도 고요할 뿐, 깊어지지 않는다.

요즘은 사랑도 컨트롤하려 든다. 강도 조절, 속도 조절, 감정 조절. 불확실한 건 감정 낭비라고 치부하고, 의심이 들면 먼저 물러나고, 기대하기 전에 출구를 찾는다. 그래서 다들 관계는 있는데, 기억은 없다.

사랑을 받아들이지 못하는 사람은, 자기감정도 절반만 쓰게 된다. 웃지만 안 웃고, 울지만 안 운다. 반응은 있지만, 움직임은 없다. 살아는 있지만, 연결은 없다.

고통 없는 평온은 편해 보이지만, 아무것도 바꾸지 못한다. 무너지지 않은 사람은 절대 자라지 않는다. 그러니까 감정을 감당할 준비가 안 됐다면, 애초에 사랑을 시작하지 말아야 한다. 그건 누군가를 위한 배려가 아니라 스스로를 피폐하게 만드는 회피다.

사랑은 본질적으로 무너짐을 전제로 한다. 그걸 겁낸다면, 그냥 안전한 껍데기 안에 있어라.

: 44절 :

요즘 사랑은 감정이 아니라 계약이다. 좋아한다는 말은 곧 요구의 신호고, 진심이 깊을수록 통제력이 세다. 사랑한다면서, 연락 속도를 조율하고, 애정 표현을 테스트하고, 상대의 자유를 점점 줄인다. 결국, 감정이 아니라 통제가 남는다.

사랑을 하면서도 사람을 구속하지 않는 건 기술이다. 그 기술이 없는 사람은 사랑이라는 말로 상대를 잠식한다. 처음엔 친절하고, 나중엔 간섭하고, 끝엔 침묵으로 위협한다.

사랑은 방향을 만들지 않는다. 사랑은 흐르는 것이다. 흘러야 하는 길을 억지로 틀면 그건 감정이 아니라 힘겨루기다. 누군가를 붙잡으려는 순간, 사랑은 그 자리에서 죽는다. 살아있는 사랑은 항상 움직인다.

마음이 움직이기 때문에 사랑이고, 그 움직임을 두려워하지 않는 게 진짜 사랑이다. 자기감정을 신격화하지 말 것. 자기 방식대로 흐르지 않는다고 상대를 의심하지 말 것. 사랑은 신이 아니라, 체온이다. 붙잡으려 하지 말고, 느낄 수 있을 때까지만 함께 있어라.

45절

누구와 오래가고 싶다면, 붙잡는 힘보다 떨어지는 기술이 더 필요하다.

함께 있는 시간이 길어질수록, 진심은 자주 오해받는다. 이유는 간단하다. 가까움은 곧 지겨움을 부르기 때문이다. 낯선 얼굴에게는 아무 말이나 해도 이해받지만, 가장 오래 곁에 있는 사람에게는 말 한마디로 상처를 준다. 오히려 이해는 멀리 있는 사람에게서 온다.

사람들은 사랑을 지키려 들고, 관계를 고정하려 애쓴다. 그럴수록 균열은 안에서부터 생긴다. 모든 깨짐은, 지나친 밀착에서 시작된다. 혼자 있어야 할 시간에, 함께 있으려 애썼고, 아무 말도 하지 않아야 할 순간에, 끊임없이 확인을 원했다. 그러니까 무너진 건 애정이 아니라 호흡이었다. 사랑이 사라진 게 아니라, 숨이 막혔던 거다.

너무 붙어있지 마라. 바람도, 햇빛도, 감정도, 공간이 있어야 드나든다. 적당한 간격이 없으면, 아무리 좋은 것도 곧 폐기된다. 뜨거움도, 서로를 태운다.

진짜로 오래가고 싶다면, 붙들려 하지 마라. 잡을 수 없다는 걸 인정하는 순간부터, 비로소 함께 갈 수 있다. 관계는 서로를 구속할 때 끝나고, 서로를 떠날 수 있을 때 시작된다. 멀어질 자유가 있는 곳에만, 다시 돌아올 이유가 생긴다.

46절

경계

사랑이 깊어지면 경계가 무너진다. 언어는 비슷해지고, 생활은 닮아간다. 서로의 하루가 겹치고, 생각과 감정이 섞인다. 처음엔 그게 편안함이었고, 가까움이었고, 운명처럼 느껴졌다.

하지만 오래가지 않는다. 한 사람의 욕망이 조금만 커지면, 다른 사람은 조용히 무너지기 시작한다. 지나치게 가까운 사랑은 결국 한쪽만 살아남는다. 둘 다 온전히 남는 경우는 없다.

서로의 컵을 채워주되, 같은 컵에서 마시지 말 것. 함께 살아도, 하루의 고요한 순간은 잠시라도 반드시 혼자여야 한다. 의견을 나누되, 결정을 강요하지 말고, 행복을 나누되, 불행까지 억지로 감당하라 하지 말 것.

사랑을 핑계로 침범하는 사람이 많다. 조언이라는 이름으로 통제하고, 걱정이라는 핑계로 감시하며, 배려라는 외피로 존재를 지운다. 처음엔 보이지 않는다. 하지만 어느 날 문득, 더 이상 자기 목소리가 나오지 않음을 느낀다. 그때 이미 너무 늦은 경우가 많다.

함께 있는 사람과 오래가고 싶다면, 자신만의 방식을 지키되, 상대의 방식도 존중해야 한다. 두 사람이 각자의 기준을 무너지지 않게 지킬 때, 사랑 속에서도 부서지지 않는다.

사랑은 하나가 되는 게 아니다. 둘이면서, 끝까지 둘로 남는 것이다. 그 거리와 간격을 잃지 않는다면, 같은 방향으로 오래 걷는 일도 그리 어렵지 않다.

47절

가까워진다고 모든 게 좋아지는 건 아니다. 어떤 관계는, 너무 가까워서 망가진다. 처음엔 의지였고, 나중엔 의존이 되었고, 구속이 된다. 그 사람 없이는 살 수 없다는 착각은, 어느 날부터 둘 다 망가뜨린다.

건강한 관계는 애착이 아니라 거리에서 시작된다. 너무 멀지도, 너무 가깝지도 않은 곳. 각자의 그림자가 서로를 가리지 않는 위치. 자라날 공간을 남겨두는 여백. 그런 간격이 있어야 오래 선다.

기둥은 붙어 있지 않다. 떨어져 있기 때문에 지붕을 지탱한다. 나무도 마찬가지다. 뿌리를 공유하지 않기 때문에 각자의 가지로 뻗는다. 사람도 그렇다. 기대지 않아야, 무너지지 않는다.

함께 있는 듯하지만 각자의 중심을 지키는 것. 사랑하되 통제하지 않고, 연결되었으나 얽히지 않은 상태. 그런 관계만이 오래간다. 무너지지 않는다. 질식시키지 않는다.

사람을 사랑하면서 동시에 자유롭게 두는 일. 그건 아주 고독한 연습 끝에야 가능해진다. 그래서 외로움을 감당할 줄 아는 사람만이, 진짜 사랑을 할 수 있다.

48절

주는 건 나눔이 아니라 흘림이다. 넘치니까 주는 게 아니다. 비워야만 살아남을 때가 있다. 갖고 있을수록 썩는 감정이 있고, 지니고 있을수록 자신을 잠식하는 것들이 있다. 그럴 땐 줘야 한다. 버리는 게 아니라 흘려보내는 것이다.

사람들은 준다고 말한다. 하지만 대부분은 남는 걸 준다. 시간이 남을 때 내어주고, 돈이 여유 있을 때 베풀고, 상처가 아물고 난 뒤에야 이해하려 든다. 그건 나눔이 아니라 거래다. 그저 스스로의 선량함을 확인받고 싶은 욕망이다.

진짜 주는 사람은 받을 자격을 묻지 않는다. 그 순간에 필요한 것을 꺼내어 준다. 무엇이 필요한지를 묻지 않고 알아낸다. 설명 없는 이해, 계산 없는 반응. 그게 인간의 품격이다.

받는 것도 능력이다. 주고 싶게 만드는 존재가 있다. 아무것도 하지 않았는데도, 그 앞에서는 기꺼이 손이 열리는 사람. 그건 약자가 아니다. 오히려 세상에 가장 큰 선물을 꺼내게 만드는 힘이다.

받는 자의 품위 없이, 주는 자의 위엄은 오래가지 못한다. 그러니 먼저 묻는 편이 낫다. 정말 줄 자격이 있는가. 자신을 증명하기 위해 주고 있지는 않은가. 받을 사람의 맨얼굴을 원하면서, 자신은 가면을 쓰고 손 내밀고 있지는 않은가.

진짜 주는 사람은 채워주고 떠난다. 기억 속에 이름이 사라져도 괜찮다는 마음으로. 그건 베풂이 아니라, 삶의 흐름이다. 숨 쉬는 것처럼, 그냥 그렇게 나누는 사람. 그런 사람은 사라져도 존재한다.

◦ **49절** ◦

일은 도피다. 지금의 현실로부터가 아니라, 자기 안의 혼란으로부터 도망칠 수 있는 유일하고 정당한 피신처다.

무엇이든 제대로 하는 사람을 보면 쓸데없는 말이 적고, 억지 감정에 휘둘리지 않는다. 몸을 계속 움직이는 사람은 쓸모없는 감정에 머무를 틈이 없다.

열심히 일한다는 건 누군가를 이기겠다는 게 아니다. 도망치지 않겠다는 선언이다. 무의미에 침식되지 않으려는 몸부림이다. 누구든 일하는 순간만큼은 무너지지 않는다. 몸을 써야 하는 노동이든, 머리를 태우는 창작이든, 몰입은 한 인간이 자기 삶을 부여잡는 방식이다.

허무를 밀어내는 유일한 방법은 지속이다. 반복되는 행위 속에서 조용히 삶을 이어가는 것. 버티고 있는 사람들의 진짜 비결은 잘 쉬는 법이 아니라, 제시간에 다시 손을 움직이는 능력이다.

슬픔은 일을 막지만, 일은 슬픔을 밀어낸다. 이유를 모를 때일수록 손을 먼저 움직여야 한다. 그게 무너지지 않는 유일한 방법이다.

: **50절** :

억지로 만든 건 반드시 티가 난다. 표정은 숨겨도 손끝은 못 숨긴다. 좋아서 하는 일과 어쩔 수 없이 하는 일은 결과보다 먼저 기운으로 드러난다.

익숙한 손이 조립한 기계라도 마음이 빠지면 하루 만에 고장 나고, 겉보기 멀쩡한 기획서도 억지로 짠 건 금세 들통 난다. 일은 감정의 물리적 흔적이다. 사람은 말보다 손이 먼저 진심을 드러낸다.

적당히 하는 일은 적당한 인간을 만든다. 어차피 살아야 하니까, 어차피 먹고살아야 하니까, 어차피 이 정도면 되니까. 그 말들 속에 사람은 조금씩 부서진다.

진심 없이 한 일은 누군가의 하루를 망치고, 어쩔 수 없었다는 핑계로 시작한 타협은 자기 삶 전체를 지워버린다.

자기 삶을 소중히 여기는 사람은 자기가 하는 일을 소홀히 다루지 않는다. 하는 일에 태도가 없다는 건 지금 이 순간을 아무 의미 없이 버리고 있다는 뜻이다.

의미는 결과에서 오는 게 아니다. 과정에서 얼마나 자기 마음을 사용했는가에서 온다.

그래서 누군가는 작은 일 하나로 기억되고, 누군가는 큰일을 해도 흔적이 없다. 차이는 기술이 아니라 진심이다.

51절

감정은 나눠지지 않는다. 웃고 싶은 사람은 먼저 울어야 한다. 기쁨만 붙잡으려는 사람은 슬픔 앞에서 무너진다. 겪지 않은 감정엔, 견딜 수 있는 내성이 없다.

기쁨을 크게 느끼는 사람은 대개 한 번쯤 부서졌던 사람이다. 상실을 버텨봤고, 끝을 받아들여 봤고, 바닥에서 천장을 올려다본 경험이 있는 사람. 그런 사람만이 아무것도 아닌 것에 고개를 끄덕이고, 잠깐의 웃음에도 숨죽여 감사한다.

인생은 공평하지 않다. 겪은 사람에게 더 준다. 무너져 본 사람에게 더 남긴다. 통과한 사람에게만 돌려준다. 진짜 기쁨은, 절망을 통과한 사람에게만 허락된다.

무언가를 잃어본 사람만이 얻은 것의 무게를 안다. 다시 사랑할 수 있는 사람은 사랑 때문에 무너져본 사람뿐이다.

마음은 조각나야 깊어진다. 통째로 지켜낸 사람보다, 쪼개진 채 다시 맞춘 사람 쪽이 훨씬 단단하고 뜨겁다.

깊게 울어본 사람은 기쁨 앞에서 겸손하다. 그건 허망하지 않다는 걸 알기 때문이다. 언제든 사라질 수 있다는 걸 아니까.

52절

사람은 쉽게 웃지 않는다. 그가 마음껏 웃는 날이 있다면, 그 전에 분명 무너진 밤이 있었다는 뜻이다. 기쁨은 공짜가 아니다. 대가 없는 웃음은 없다. 슬픔이 지나가야 웃음이 생기고, 고통을 버텨야 평온이 보인다.

기쁨은 늘 고통의 그림자 위에 떠 있다. 깊이 빠진 사람만이 다시 떠오를 수 있다. 수면 위로 올라온 사람만 웃는다. 밑바닥을 찍은 사람만.

가볍게 사는 사람은 웃어도 얕다. 그의 기쁨엔 결이 없다. 무게가 없다. 울지 않은 사람은 진짜 웃지 못한다. 찢긴 감정을 꿰매 본 사람만, 다시 웃을 줄 안다.

사람의 감정은 진폭이다. 조용히 있다가도 갑자기 요동친다. 웃음과 눈물은 멀리 있지 않다. 같은 자리에서 번갈아 온다. 같은 얼굴로 울고 웃고, 같은 기억으로 미워하고 그리워한다.

그래서 감정을 억누르는 건 위험하다. 기쁨만 원하다가, 아무것도 남지 않게 된다. 슬픔이 없는 삶은 허상이다. 고통 없는 평온은 껍데기다.

슬픔이 밀려오는 순간, 언젠가 웃게 될 자리도 그 곁에 생긴다.

그걸 모르고 떠나면, 아무 의미도 남지 않는다.

기쁨을 말하고 싶다면, 먼저 무너져야 한다. 울지 않고 웃겠다는 건 살지 않고 살겠다는 말과 같다.

53절

편안함은 중독이다. 아무도 말하지 않지만, 가장 빠르게 무너지는 삶은, 괜찮은 수준에서 멈춘 사람의 삶이다. 그는 위험하지 않았고, 고통스럽지도 않았고, 그래서 아무 데도 닿지 않았다.

편안함은 손님처럼 들어와 천천히 구조를 바꾼다. 무릎을 굽혀주던 소파는 어느 날, 등을 펴지 못하게 만든다. 이불은 따뜻하지만, 몸을 무겁게 만든다. 하루를 잘 쉬었다고 착각하지만, 실은 아무것도 하지 못한 하루일 뿐이다.

사람은 자신이 만든 공간에 점령당한다. 원래는 주인이었는데, 어느 순간 그 집의 손님이 되어 있다. 몸이 움직이지 않으면, 생각도 좁아진다. 움직임이 사라지면, 언어도 무뎌진다.

침묵은 고요하지 않다. 그건 편안함이 만든 마취다. 말을 줄인 게 아니라, 생각이 끊긴 것이다. 생각을 멈춘 게 아니라, 자극이 없어서 반응을 잃은 것이다.

사람이 사는 곳엔 긴장이 있어야 한다. 질문이 있어야 한다. 낯선 자극이 있어야 한다. 매일 다른 각도로 빛이 들어오고, 매일 조금씩 불편한 물건들이 당신을 어지럽혀야 한다.

편안함은 지켜야 할 가치가 아니다. 오래 머물수록, 진짜 주인은 바뀐다. 이젠 당신이 사는 게 아니라, 그것들이 당신을 조종한다. 등받이, 이불, 조명, 온도, 네가 만든 모든 것들이 때로는 당신을 나약하게 만들고 있다.

54절

정지

편안한 삶은 위험하다. 사람은 점점 덜 움직이고, 덜 느끼고, 덜 분노하게 된다. 욕망이 사라진 게 아니다. 욕망은 여전히 있는데, 그걸 꺼내려는 힘이 없어진 것이다.

가장 조용한 파괴는, 가장 고요한 상태에서 시작된다. 편안함은 무겁지 않다. 그래서 더 무섭다. 의심 없이 받아들여지고, 정당한 선택처럼 보이고, 한 번 길들여지면 스스로 끊어내기 어렵다.

하루를 무사히 넘기면 잘살고 있는 줄 안다. 아무 일도 없으면 성공한 거라 믿는다. 문제는, 아무 일도 없다는 그 상태가 실은 무너지고 있다는 증거라는 걸 아무도 말해주지 않는다는 것이다.

욕망은 쉽게 죽지 않는다. 죽는 건 욕망이 아니라, 그걸 꺼내 쓰던 근육이다. 움직이지 않으면 녹슬고, 녹슬면 꺼내지 못한다. 편안함은 그 근육을 서서히 녹인다. 온화한 얼굴로, 침묵 속에서.

고요한 방, 일정한 온도, 지적이지 않은 대화, 해답 없는 뉴스, 쓸모없는 잡담, 그 안에 묻혀 사는 사람은 스스로 죽어가는 줄도 모른다.

사람은 어떤 지점부터 스스로 불편을 찾아야 한다. 낯선 자리, 예측할 수 없는 질문, 감정을 동요시키는 날것의 말들. 그 안에서만 살아 있는 생명은 다시 뛴다.

살아 있다는 건, 계속해서 무언가를 원한다는 뜻이다. 안락함은 그 갈망을 가두고, 위로라는 이름으로 조롱하고, 고요한 장례를 치른다.

55절

보이지 않는 일을 하는 사람은 자주 무시당한다. 결과가 없다는 이유로, 숫자로 환산되지 않는다는 이유로. 그들이 만든 건 공기 같아서 없으면 죽는데도, 사는 동안은 무시된다.

예술이 그렇다. 창작이 그렇다. 아무짝에도 쓸모없는 일처럼 보여도 사람이 끝내 살아가게 만드는 건 그 무쓸모한 것들이다.

빛이 없다면 길을 잃는다. 소리가 없다면 기억도 없다. 이야기가 없다면 사람은 자신을 잃는다.

어떤 이들은 그런 걸 사치라고 부른다. 그럴 여유 있을 때나 가능한 일이란다. 하지만 거꾸로다. 여유가 없을수록 더 필요하다. 거칠어진 삶엔 다듬을 문장이 필요하고, 버텨야 하는 순간엔 쉴 이미지가 필요하다. 사람이 다시 걸어가려면 현실이 아니라 꿈이 끌어당겨야 한다.

지금도 어디에선가 사람들은 눈에 보이지 않는 노동을 하고 있다. 문장을 쓰고, 그림을 그리고, 음악을 만들고, 목소리를 깎고, 사람의 안쪽을 어루만지는 방식으로. 그건 돈이 되지 않더라도 누군가는 해야 하는 일이다.

세상은 종종 그런 사람들 없이 흘러가는 듯 보인다. 그러나 길게 보면 그들이 만든 무형의 구조 안에서 모두가 숨 쉬고 있다.

정의로운 사회는 보이는 일만 보상하지 않는다. 감정의 구조를 만든 사람들에게도 자리를 내어주는 곳. 사람을 일로만 증명하지 않는 곳. 기억에 남은 감정 하나만으로도 가치를 인정받는 곳. 그게 문명이 지향해야 할 거래다.

빈손으로 돌아가는 이 없게. 보이지 않는 사람의 자리도 비지 않게.

: 56절 :

두 개의 본능이 안에서 싸운다. 하나는 멈추라 하고, 하나는 밀고 나가라 한다. 한쪽은 위험하다고 말하고, 다른 쪽은 지금 아니면 끝이라고 소리친다. 사람은 그 사이에서 매일 갈라진다.

누구는 이겨야 산다고 말하고, 누구는 지켜야 산다고 말한다. 하지만 살아남는 건 그 둘을 동시에 다룰 줄 아는 사람이다.

이성은 느리다. 그래서 많은 걸 놓친다. 열정은 빠르다. 그래서 많은 걸 망친다. 한쪽만 믿으면 삶은 흐르지 않는다. 조용히 멈춰 있거나, 산산이 흩어진다.

진짜는 조용히 생각하다가, 필요할 땐 망설이지 않고 움직이는 쪽이다. 두 갈래의 에너지를 순서대로 꺼낼 줄 아는 사람.

멈추는 건 겁이 나서가 아니라, 방향을 찾기 위해서다. 불타는

건 무모해서가 아니라, 세상이 흔들릴 만큼 자신을 밀어붙이고 있기 때문이다.

가장 단단한 사람은 분열되지 않는다. 지금 멈춰야 할 때를 알고, 지금 뛰어야 할 타이밍을 아는 사람. 그건 공부로 익히는 게 아니다. 한 번 무너져본 사람만 알 수 있다. 멈췄다가 뛰고, 망가졌다가 버티고, 그 반복 끝에 사람은 공존을 배운다.

57절

소진

하루 대부분은 타인을 위해 흘러간다. 아침부터 머릿속을 채우는 건 스스로의 생각이 아니라 누군가의 반응이다. 보내지 않아도 될 메시지를 쓰고, 듣지 않아도 될 말에 고개를 끄덕이며, 의미 없는 관계에 시간을 나눠준다. 사소한 관심을 얻기 위해, 삶은 조금씩 잘려나간다.

가장 많이 허비되는 것은 시간이 아니다. 자기 자신이다. 누구와 대화했고, 무엇을 해줬는지 떠올려보면, 그 순간에는 나눔이라 믿었지만 돌아보면 남은 게 없다. 아무리 정성을 쏟아도 깊어지지 않는 관계, 아무리 맞춰도 인정받지 못하는 자리, 그런 곳에 계속 서 있게 된다.

인간관계가 중요하다고 말하지만, 그 안에서 자신은 점점 흐릿해진다. 상대의 기분에 감정을 맞추고, 그들의 필요에 따라 하루가 조정된다. 그렇게 살다 보면 어느 순간, 원했던 삶은 사라지고 남들이 기대한 껍데기만 남는다.

스스로에게 시간을 준 적이 있었는지, 정면으로 얼굴을 마주한 기억이 있는지 돌아보면 선명한 장면이 없다. 타인의 말에는 귀를 기울이지만, 내면에서 올라오는 경고는 무시된다. 하루가 가고, 계절이 바뀌고, 삶은 흘러간다. 살아 있다고는 느껴지지만, 살아본 적은 없다고 말하게 된다.

누구는 상사의 눈치를 보고, 누구는 가족의 기대에 맞추며, 누구는 존경받는 이의 기준에 자신을 끼워 맞춘다. 고민의 표정은 달라도 본질은 같다. 누구도 자신의 주인이 아니다. 모두가 길들여진 상태로 버티고 있을 뿐이다. 그렇게 오래 살다 보면, 자기 자신이 누구였는지도 잊게 된다.

지침이 자주 찾아오지만, 특별히 무거운 일을 한 것도, 몸을 혹사한 것도 아니다. 원하지 않는 대화, 원하지 않는 만남, 원하지 않는 기대에 맞춰 반응한 하루였다. 에너지가 소진되는 이유는 몸이 아니라, 감정이 낭비되었기 때문이다.

관계는 기술이 아니다. 선별이다. 누구를 잘 만나는가보다 누구를 거절할 것인가가 더 중요하다. 그 거절이 무례하다면, 무

례해져도 된다. 남아 있는 시간은 점점 줄어들고 있고, 그 누구도 책임져 주지 않는다.

온전히 살아 있는 시간은 타인을 위한 순간이 아니라, 자신만을 위한 시간이다. 그런데 가장 마지막에 배정되는 건 늘 자신이었다. 다른 사람에게는 웃으며 시간을 내주고, 남는 것은 늘 피곤한 끝자락뿐이다. 그게 몇 년씩 쌓이면, 인생 전체가 타인의 요청으로 가득 찬 일정표가 된다.

무너지는 건 하루가 아니라, 중심이다. 타인을 잘 대하려 할수록 자신에게 무심해진다. 그렇게 오래 견디고 나면 결국 탓이 시작된다. 누구 때문이었는지 묻기 전에, 스스로를 지켜주지 못한 선택부터 돌아봐야 한다. 피로의 시작은 언제나 그 선택에서 비롯됐다.

삶을 통제하고 싶다면 가장 먼저 소진시키는 존재부터 떠나보내야 한다. 관계가 줄어들어도 괜찮다. 불편해져도 된다. 이기적인 게 아니다. 이제야 비로소 살아가기 시작했다는 증거다.

◦ **58절** ◦

가족을 이유로 많은 것이 미뤄진다. 지금은 아이가 어리니까, 지금은 부모가 아프니까, 지금은 먹고사는 게 먼저니까. 그렇게 매번 삶의 중심이 비껴나간다. 누구도 강요하지 않았지만, 스스로를 두 번째로 밀어놓고 살아가는 시간이 쌓인다.

오십이 되면, 육십이 되면, 시간이 날 거라고 믿는다. 그때는 나를 위해 살 수 있을 거라며 막연한 여유를 상상한다. 하지만 이미 닳은 몸과 굳은 감정으로는 새로운 삶을 시작하기 어렵다. 하고 싶은 걸 미뤘던 사람은 아무것도 하지 못하게 된다.

희생처럼 보이는 선택은 사실 두려움에서 온다. 무엇을 원하는지 말할 용기가 없어서, 가족이라는 말을 방패로 내세운다. 애써 포장한 말들 속에 진심은 없다. 원래부터 바라던 삶이 아니라, 피하고 싶었던 감정이 만든 형태다.

가족이 전부라고 말하지만, 그 가족 안에서 자기가 누구였는지 기억하는 사람은 드물다. 모두를 위해 산다고 말하면서 정작 누구에게도 온전히 보인 적이 없다. 시간은 흘렀고 역할은 바뀌었지만, 중심은 끝내 비워진 채 남는다.

남겨진 시간은 생각보다 많지 않다. 언젠가 살아보겠다는 다짐은 끝내 이루어지지 않는다. 한 번도 스스로에게 시간을 내주지 못한 사람은, 삶의 끝에서 비로소 자기를 후회하게 된다. 다시 시작하겠다는 말이 가장 헛된 다짐이 되는 순간이다.

가족도, 세상도, 그 누구도 대신 살아주지 않는다. 자리를 비우면 채워질 뿐이고, 희생은 기억되지 않는다. 남는 건 방향 없이 떠밀려 온 한 사람의 인생이다. 그 안에 무엇이 있었는지, 누구도 끝내 묻지 않는다.

사랑이라 믿었던 것들이 사실은 회피였다는 걸 알아차리는 데 평생이 걸릴 수 있다. 자리를 지키는 것과 자기를 잃는 것은 다르다. 가장 가까운 사람을 위해 살아왔지만, 정작 한 번도 자신을 살게 한 적은 없다. 그 모순을 마주할 때, 비로소 늦은 감정이 몸을 뚫고 올라온다.

삶은 기다려주지 않는다. 미룬다는 건 살아보지 않겠다는 뜻이다. 유예된 하루는 돌아오지 않고, 한 번 지나간 계절은 두 번 다시 피지 않는다. 모든 걸 다 한 다음에 나로 살겠다는 말은, 나 없이 인생을 끝내겠다는 말이다.

59절

친구란 이름은 많지만, 마음을 맡길 수 있는 곳은 드물다. 함께 웃고 이야기하며 지냈던 시간도 있었지만, 정작 필요할 때 곁에 남아 있던 사람은 생각보다 적다. 표면은 격의 없이 흐르지만, 내면은 끝내 나누지 않는다. 그래서 많은 사람과 가까워질수록 더 깊이 고립된다.

가까운 사람일수록 조심해야 한다는 건 뼈아픈 경험에서 배운다. 농담이라며 던진 말이 칼이 되고, 조언이라는 이름으로 타인의 기준이 강요된다. 대화는 줄어들고 눈치는 늘어나며, 서로를 안다고 믿지만 사실은 서로를 관리하고 있을 뿐이다.

이해받고 싶어 가까워졌지만, 가까워질수록 오해가 커진다. 거리를 좁히면 편해질 줄 알았지만 오히려 방어할 틈조차 사라졌다. 침묵은 불편함으로 받아들여지고, 침착함은 무심함으로 해석된다. 그래서 진심을 숨긴 채, 적당히 웃으며 살아간다.

많은 사람은 우정을 시간으로 착각한다. 오래 알고 지냈다는 이유로 믿고, 함께한 기억이 많다는 이유로 계속 묶인다. 하지만 기억이 쌓인다고 관계가 깊어지는 건 아니다. 시간은 정리를 미룰 뿐이고, 오래된 인연은 오히려 자기 삶을 방해하는 족쇄가 된다.

언제부터였는지, 누군가를 만나고 나면 더 피곤해졌다. 말을 아끼면 오해받고, 솔직해지면 멀어진다. 함께 있는 것보다 혼자 있는 게 더 편해질 때, 우정은 이미 형태만 남은 감정이다. 편해야 할 자리가 긴장되는 순간, 그 관계는 이미 끝난 것이나 다름없다.

억지로 이어가는 인연은 서로를 갉아먹는다. 지켜야 할 관계는 따로 있고, 비워야 할 관계는 훨씬 더 많다. 그 기준을 넘지 못하면, 자신을 잃는다. 타인을 위한 배려가 아니라, 스스로를 지키기 위한 선별이다. 잘라내는 건 배신이 아니라 정리다.

진짜 우정은 소란스럽지 않다. 연락의 빈도나 말의 양으로 증명되지 않는다. 멀리 있어도 이어지고, 오래 침묵해도 어색하지 않다. 위로받기보다 묵묵히 옆에 있는 쪽, 말없이도 허용되는 공간, 그런 관계만이 빛을 지닌다.

모든 인연은 선별되어야 한다. 그렇지 않으면 관계라는 이름 아래 삶이 조금씩 부식된다. 끝내 남는 건 허상뿐이다. 함께였던 것 같지만, 사실은 내내 혼자였던 시간만 쌓인다. 그리고 그 외로움은, 아주 늦게야 깨닫게 된다.

60절

조기

너무 이른 때부터 관계에 휘말리는 사람들이 있다. 남들보다 먼저 이해하려 하고, 먼저 참아주며, 먼저 맞춰준다. 감정은 일찍 어른이 되지만, 마음은 한 번도 자라지 못한다. 사람들에게 맞춰온 시간이 쌓일수록, 정작 자기 자신에게는 어떤 시간도 남아 있지 않다. 타인의 필요를 채워주는 일로 하루가 정리되고, 그걸 잘해낼수록 주변에서는 좋은 사람이라 부른다. 하지만 내면은 점점 고갈되고, 자리를 비운 채 외워진 이름만 남는다.

어릴 때부터 친구를 지키기 위해 거절을 삼키고, 불편함을 참고, 이해할 수 없는 말을 그냥 넘긴다. 갈등을 피하는 법을 배운 게 아니라, 회피를 선택하는 법을 익힌 것이다. 그렇게 이어진 관계는 겉으로는 평화롭지만, 안쪽은 썩어간다. 친절과 배려로 포장된 우정은 실은 감정의 일방적인 희생 위에 서 있고, 누군가는 늘 참아야만 유지된다.

지나치게 일찍 타인에게 길들여진 사람은, 나중에도 그 틀에서 벗어나지 못한다. 어떤 관계든 먼저 읽고, 먼저 움직이며, 먼저 소모된다. 상대방은 편할 수 있다. 하지만 그 편안함은 누군가의 자기 포기를 밑바탕으로 한다. 좋은 사람이란 말은, 자기를 버린 대가로 주어지는 일종의 명패다. 그렇게 부여받은 평판은 결국 자기 자신을 벼랑 끝으로 몰아넣는다.

친구를 지킨다는 명분 아래, 자기를 잃어간다. 본심을 말하지 못한 날이 길어지고, 불편하다는 신호를 묻어둔 채 웃으며 넘긴다. 어느 순간, 상대방은 그 침묵을 동의로 받아들이고, 관계는 고정된다. 그 틀 안에서 벗어날 시도는 무례가 되고, 거리두기는 배신이 된다. 처음엔 친구였지만, 나중엔 감정의 수용소가 된다.

지나치게 오래 참은 사람은 결국 관계에서 탈진한다. 그 피로는 설명되지 않고, 표현되지도 않는다. 그래서 갑작스러운 단절처럼 보이지만, 실은 아주 오랫동안 쌓인 것이다. 사람들은 떠난 이유를 묻지만, 실은 오래전부터 관계는 끝나 있었다. 말하지 못했던 시간만 길었을 뿐이다.

누군가의 좋은 친구가 되려다 스스로를 놓친 사람은, 시간이

지날수록 사람을 믿지 않게 된다. 문제는 사람 자체가 아니라, 그 관계 안에서 한 번도 자기편에 서본 적 없던 자신이다. 지나간 우정이 상처로 남는 이유는, 그 안에서 한 번도 나를 지켜주지 못했기 때문이다.

모든 사람을 이해할 필요는 없다. 가까운 사람조차 거리 두는 게 필요할 때가 있고, 오랜 인연일수록 정리해야 할 순간이 있다. 오래되었다는 이유만으로, 나를 계속 소모시켜야 할 이유는 없다. 관계를 지키는 것과 자신을 잃지 않는 것은 다르다. 너무 빨리 좋은 사람이 된 사람은, 너무 늦게야 자기 삶을 시작한다.

61절

좋은 사람으로 살아오다 보면, 나중에 자신은 남지 않는다. 누구에게도 밉지 않게 말하고, 다정하게 반응하고, 불편한 상황은 웃음으로 넘긴다. 그런 사람은 사람 좋다고들 말하지만, 정작 스스로를 지키지 못한 채 가장 먼저 무너진다. 타인의 인정을 받기 위해 쓰인 하루는 고요하지만, 그 안에 내 진심은 없다.

관계를 잘 유지한다는 말은 실은 관계에 휘둘리고 있다는 말과 다르지 않다. 많은 사람을 챙길수록 삶은 산만해지고, 모든 사람에게 잘할수록 정작 나에게 쓸 수 있는 에너지는 남지 않는다. 반응에 빠르게 적응하고, 표정에 민감하게 대응하며, 끊임없이 흐름을 맞춘다. 그렇게 하루가 가고, 주간이 쌓이고, 몇 년이 흘러간다. 어느 날 거울을 보면, 내가 아닌 누군가의 기준을 따라 살아온 얼굴이 보인다.

말은 줄고, 표정은 정해진 범위 안에서 작동하며, 감정은 스스로에게도 설명할 수 없을 만큼 멀어진다. 그런 관계 속에서 살아 있다는 감각은 점점 희미해진다. 하루는 분주하지만, 실은 아무 일도 하지 않았다. 모든 일은 타인의 요청으로 이루어졌고, 나는 그저 그 흐름에 반응했을 뿐이다.

사람들은 나를 찾아왔고, 나는 그들을 반기며 문을 열었다. 그렇게 내 시간은 잘게 잘려나갔다. 연락을 주고받고, 약속을 잡고, 대화를 나누고, 고민을 듣고, 피드백을 하고, 분위기를 맞추고, 거절 대신 웃었다. 그렇게 흘려보낸 시간은 헤아릴 수도 없을 만큼 많지만, 그 가운데 스스로를 위해 존재한 순간은 단 한 줄도 남지 않는다.

고마움도, 사랑도, 배려도 아닌 단순한 흐름이었다. 관성에 따라 유지되고, 습관처럼 반복되었다. 피로는 쌓였지만, 이유를 설명할 수 없어 더 깊이 축적되었다. 결국 모든 관계는 일처럼 느껴졌고, 감정은 없는 채 의무만 남았다. 잘 지낸다는 말이 불편해지고, 가까운 사람일수록 거리가 필요해졌다.

살아 있다는 건 단지 호흡하고 있다는 뜻이 아니다. 자기 시간을 누구에게도 빼앗기지 않고, 어떤 순간에도 자기 삶의 중심에 서 있다는 뜻이다. 하지만 많은 사람은 살아온 것이 아니라, 끌려다녔다. 방향 없이 움직이고, 기준 없이 맞추며, 속도만 유지했다. 그걸 사람들은 사회성이라 불렀고, 성숙이라 착각했다.

관계는 많았지만, 기억은 흐릿하다. 대화는 많았지만, 진심은 없다. 모든 자리를 채웠지만, 내 자리는 없었다. 그렇게 지나간 시간은 오래된 것처럼 보여도 깊지 않다. 수명은 길었지만, 생은 짧다. 주어진 인생을 산 게 아니라, 맡겨진 역할을 수행했을 뿐이다.

언제쯤 삶의 중심이 내게 돌아올까. 모든 걸 처리하고 나면, 진짜 나를 살 수 있을까. 하지만 진실은 명확하다. 지금까지 살아온 방식대로라면, 마지막까지도 남을 건 좋은 사람이라는 이름뿐이다. 정작 그 안에 나는 없을 것이다.

그러니 질문을 바꿔야 한다. 이대로 계속 타인을 통과하는 삶을 살 것인지, 지금이라도 내 안으로 돌아갈 것인지.

: 62절 :

사람들은 친구에게 시간을 잘 나눠준다. 먼저 약속을 잡고, 먼저 고민을 들어주고, 먼저 퇴근을 미루고, 먼저 마음을 내어준다. 특별한 이유가 있어서가 아니다. 친구니까, 오래 봐온 사이니까, 거절하기가 애매해서. 그렇게 스스로의 시간을 반복해서 양보한다. 아무도 강요하지 않았지만, 습관처럼 내어주는 삶이 만들어진다.

어느 날, 하루가 허전한 기분으로 끝난다. 별일 없었지만 어딘가 피곤하고, 사람을 만났지만 위로는 없다. 그때서야 문득 깨닫는다. 시간은 나눠준다고 나눠지는 게 아니라는 걸. 누군가에게 시간을 주는 일은 곧 나를 줄이는 일이라는 걸. 친구라는 이름이 그걸 무감각하게 만든다.

좋은 사람이란 이유로, 의리가 있다는 이유로, 아무 의심 없이 자신을 쓴다. 하지만 대부분의 사람은 그걸 당연함으로 기억하고, 고마움은 점점 옅어진다. 관계는 반복에 익숙해지고, 도움은 기대치로 굳어진다. 그렇게 어느 순간, 주는 일은 지속되고, 받는 일은 사라진다. 손해도 아니고 배신도 아닌데, 이상하게 마음이 쓰리고 허전하다.

사람을 챙기다 보면, 정작 자신은 챙기지 못한다. 말은 줄고, 감정은 지치고, 몸은 남아 있어도 마음은 빠져나간다. 눈에 보이지 않으니 티도 나지 않고, 모두가 괜찮을 거라고 믿는다. 그런데 바로 그 지점에서 무너진다. 자기 삶을 통째로 친구들에게 할당한 사람은, 나중에 돌아와 앉을 자리가 없다. 그 자리는 이미 오래전에 빌려준 채 비워져 있었다.

가까운 사람일수록 조심해야 한다는 건, 시간을 줄수록 생긴 균열 때문이다. 깊어지기보다, 얽히기 시작하는 순간. 대화가 의무로 바뀌고, 배려가 의심으로 되돌아오고, 함께 있는 시간이 줄수록 마음의 거리만 늘어난다. 처음엔 이해였고, 나중엔 습관이었고, 결국엔 부담이 되었다. 친구란 이름 아래 유지된 감정의 계약은, 말하지 않으면 무기한 연장된다.

자신의 시간을 다 써버리고 나서야, 삶이 비어 있다는 사실을 깨닫는다. 그리고 그때쯤에는, 남은 시간이 없다. 돌려달라 할 수 없고, 다시 시작할 수 없다. 아무도 나를 다시 나에게 돌려주지 않는다. 삶은 단 한 방향으로만 흘러가고, 한 번 빠져나간 시간은 돌아오지 않는다. 누구의 박수로도 늦춰지지 않고, 누구의 눈물로도 회복되지 않는다. 가장 무서운 건, 그렇게 시간을 내어주고도 아무 변화도 없었다는 사실이다.

우정이란 이름으로 시간을 쓰면서도 얻은 게 없다면, 다시 생각해야 한다. 나를 써서 만들어낸 관계라면, 그 관계는 나를 빼면 남지 않는다. 그 공허함을 늦게야 깨닫는 일이 없도록, 아직 시간이 남아 있을 때 조율해야 한다. 누구에게도 주지 말아야 할 시간들이 있고, 누구에게도 설명하지 않아도 되는 거리들이 있다. 삶은 타인에게 빌려줄 만큼 여유롭지 않다.

63절

지분

사람을 많이 아는 건 자산이 아니다. 사람을 정확히 아는 게 자산이다. 누구와 어울리고 있는지가 중요한 게 아니라, 누구에게 시간을 쓰고 있는지가 중요하다. 인생은 대가 없는 분배가 반복될 만큼 느긋하지 않다. 관계는 줄일수록 선명해지고, 밀도는 좁을수록 깊어진다. 끝까지 함께 남는 사람은 아주 적다. 그 적은 수의 사람을 위해서는, 모든 것을 써도 아깝지 않아야 한다.

마음을 열고 감정을 나누고 시간을 쓰는 일이 언제나 아름답다고 믿던 시기가 있다. 하지만 삶이 깊어질수록, 그렇게 내어준 시간 중 대부분이 되돌아오지 않는다는 걸 알게 된다. 관계는 균등하게 유지되지 않는다. 누군가는 계속 빼가고, 누군가는 조용히 함께 있다. 중요한 건 누가 오래 있었느냐가 아니라, 누가 끝까지 남아 있었느냐. 지워지지 않는 기억은 그 사람이 아니라, 그 사람이 함께 있어 준 그 시간이다.

세상은 사람을 남기는 일이 아니라, 사람을 거르는 일이라는 걸 깨닫는 데는 시간이 걸린다. 처음엔 수가 많을수록 안심되고, 목소리가 많을수록 든든하다. 하지만 어느 순간, 그런 다수가 단 한 명의 빈자리를 대신하지 못한다는 걸 알게 된다. 그 단 한 명을 구분할 줄 아는 사람만이, 인생의 우선순위를 제대로 정리할 수 있다. 누구에게도 미안해하지 않고, 딱 그 사람에게만 후회 없이 다 써야 한다.

인생의 대부분은 불필요한 관계에서 소모된다. 말이 길고, 설명이 많고, 눈치를 보게 되는 관계는 끝내 피로만 남는다. 반면, 아무 말 없이 찾아가도 되는 사람, 오래 침묵해도 변하지 않는 사람, 말보다 행동이 먼저인 사람은 많지 않다. 그런 사람에게는 계산 없이 줘야 한다. 마음도, 시간도, 에너지까지도. 전부 내어줘도 괜찮은 존재는 그 소수밖에 없다.

많은 관계를 지키려다 정작 진짜 관계를 소홀히 하게 된다. 모든 사람에게 잘하려는 마음이 결국 가장 소중한 사람을 먼저 지치게 만든다. 중요한 건 누구에게 무심했는지가 아니라, 누구에게 집중했는가다. 흔한 사람에게는 적당히, 소중한 사람에게는 전력으로. 이 순서를 바꾸면 모든 관계가 흔들린다.

살면서 진심을 다해줄 사람은 단 세 명이면 충분하다. 그 세 명에게는 후회가 없도록 살아야 한다. 연락이 오면 먼저 달려가고, 부탁이 오면 이유를 묻지 말고 돕고, 힘들다 말하지 않아도 옆에 있어줘야 한다.

그게 의무가 아니라 기쁨이 되어야 하고, 계산이 아니라 자연스러움이 되어야 한다. 그렇게 지켜진 관계는 외롭지 않고, 고립되지 않는다. 나를 지키는 건 언제나 그 몇 명의 조용한 존재다.

시간은 아무에게나 쓸 만큼 싼 것이 아니다. 누구에게 시간을 줬는지가 내가 누구였는지를 말해준다. 나를 가장 많이 뺏어간 사람보다, 나를 가장 많이 남게 해준 사람에게 집중해야 한다. 삶은 그렇게 정리된다. 아무도 기억하지 않는 다수의 인연이 아니라, 끝까지 기억에 남는 단 하나의 존재로.

64절

즉시

귀한 친구에게는 다음이 없어야 한다. 나중에 보자고 말하지 말고, 오늘 찾아가야 하고, 다음에 밥 먹자는 말 대신, 지금 자리를 내야 한다. 진짜 관계는 기다리게 하지 않는다. 아무 일도 없지만 만나고, 특별한 이유 없이 챙기고, 말없이 곁을 내준다. 이건 예의가 아니라 생존이다. 진짜 사람을 제때 안 챙기면, 어느 날은 돌이킬 수 없게 된다.

사람들은 관계를 내일로 미룬다. 바쁘다는 이유로, 여유가 없다는 말로, 지금은 타이밍이 아니라고 변명한다. 하지만 타이밍은 오는 게 아니라 만드는 것이다. 가까운 사람일수록 당연히 내 옆에 있을 거라고 착각하면, 관계는 조용히 멀어진다. 그리고 나중에 연락하려던 사람의 부고를 듣고 나서야, 오늘이라는 단어가 얼마나 위태로운 것인지 깨닫는다.

내일은 누구에게도 보장되지 않는다. 그 사람도, 나 자신도. 그런데도 우리는 오늘을 쓰지 않는다. 약속은 밀리고, 대화는 미뤄지고, 감정은 눌러진다. 이유는 간단하다. 다음이 있을 거라고 믿기 때문이다. 하지만 인생은 그 믿음을 단 한 번도 책임져 준 적이 없다. 그래서 진짜 친구에겐 지금 줘야 한다. 마음도, 시간도, 고맙다는 말도, 미안하다는 말도. 다음은 언제나 늦는다.

기억에 남는 순간은 전부 갑작스러웠다. 별 이유 없이 우산을 씌워준 날, 아무 말없이 손을 잡아준 밤, 만나기로 한 시간보다 훨씬 일찍 도착해 기다려준 그 찰나. 이런 것들이 한 사람을 평생 기억하게 만든다. 반대로, 언젠가 하겠다고 미뤘던 마음은 대부분 끝내 하지 못한 채 사라진다. 그래서 오늘을 쓴다는 건, 미래에 남을 후회를 줄이는 일이다.

소중한 사람에게는 매일을 마지막처럼 대해야 한다. 지금 아니면 못 전할 수도 있다는 위기의식이 필요하다. 사람은 떠난 다음에야 귀해진다. 존재할 때는 몰랐던 의미가, 공백이 된 순간 벽처럼 다가온다. 모든 기회는 현재형으로만 존재한다. 관계도 예외가 아니다. 내일 고마워하겠다는 사람은 오늘 무심한 사람이다.

진짜 친구에게는 계산하지 말고 반응해야 한다. 아프다는 말이 들리면 먼저 찾아가고, 흔들린다는 눈빛이 보이면 말 없이 곁을 지켜야 한다. 그리고 아무 일 없어도, 괜찮아도, 그냥 오늘 시간을 내야 한다. 그건 시간을 버리는 게 아니라, 내 인생에서 가장 복잡하지 않고 후회 없는 장면을 만드는 일이다.

세상은 언젠가를 약속하지만, 삶은 언제나 지금만 허락한다. 좋은 친구는 그 지금에 반응해주는 사람이다. 아무 계획 없이도 만나고, 아무 설명 없이도 믿어주고, 이유 없이도 손을 잡아주는 사람. 그 사람을 내일로 미루지 않는 사람. 살아 있다는 건, 그런 사람을 오늘 붙드는 것이다.

: 65절 :

기억은 쌓이는데 관계는 흐려진다. 오늘이 지나면 어제는 남지만, 함께한 사람은 남지 않는다. 많은 이들이 바쁘다는 이유로 순간을 통과하고, 그 순간들이 모여도 아무것도 남기지 못한다. 지나간 시간은 다시 불러낼 수 없고, 그 시간 속에 누구와 있었는지만 남는다.

사람들은 현재를 산다고 말하지만, 대부분은 미래를 준비하고 과거를 외면한다. 바쁘게 흘러가는 하루 속에서 정작 소중한 대화는 밀리고, 따뜻한 눈빛은 생략된다. 당장은 괜찮다고 느낄지 몰라도, 그렇게 지나친 모든 장면은 나중에 빈틈으로 돌아온다. 뭔가를 놓친 것 같은 공허함은 결국, 함께 나눴어야 할 감정을 놓쳤기 때문이다.

기억은 물처럼 쏟아지지 않는다. 시간이 아니라 감정이 담겼을 때, 비로소 한 장면이 남는다. 그 장면을 만들 수 있는 사람

은 아무나가 아니다. 삶이 흐를수록, 끝까지 남아 있는 사람은 단 한 집단이다. 처음부터 내 편이었던 존재. 어떤 시절에도 조건 없이 곁에 있던 사람들. 마지막까지 곁에 있는 건 결국 가족이다.

사람들은 대단한 일을 해야 흔적이 남는다고 생각하지만, 실은 함께한 시간을 축적해 줄 사람이 있어야 기억이 된다. 가장 평범한 식사, 아무 일 없는 저녁, 싸우고도 같이 앉아 있었던 하루가 남는다. 그건 가족이라는 이름으로만 가능하다. 나를 기억해 줄 사람, 내 기억을 증명해 줄 사람, 그 사람들에게만 지금을 써야 한다.

66절

누군가는 나를 낳았고, 길렀고, 견뎠다. 누군가는 나를 위해 자기를 유예했고, 하루를 분해했고, 평생을 묵인했다. 사랑한다고 말할 시간도 없이 손을 내밀어야 했고, 울 틈도 없이 나를 먼저 달랬다. 세상은 그런 삶을 희생이라 부르지만, 그 말은 너무 깨끗하다. 실은 살아 있는 채로 무너진 것이다. 눈치 보고, 참아내고, 감춰야 했던 나날들. 그래서 삶이 아니라 버팀목이 되어버린 존재. 그 사람의 이름이, 나의 엄마다.

세상은 엄마의 생을 기록하지 않는다. 출근한 기록도 없고, 성과도 없고, 실적도 없다. 말해줄 동료도 없고, 대신 증명해 줄 시스템도 없다. 남은 건 냉장고 위에 붙은 오래된 메모지, 몇 해 전 생일날 받은 카네이션이 든 투명한 봉투, 계절마다 위치를 바꾸는 약 봉투와 쿠폰들. 삶을 전부 쏟고 남은 건, 말라버린 식물 같고 구겨진 명세서 같은 것들이다. 그걸 보고도 아무 책임감 없이 늙어가는 모습을 내버려둘 수 있는 자식은 많지 않다. 아니, 있어선 안 된다.

누군가는 그랬다. 자식은 부모를 선택할 수 없지만, 부모는 자식에게 선택을 강요하지 않아야 한다고. 맞는 말이다. 하지만 나는 반대로 생각한다. 선택받지 않아도, 선택할 것이다. 돌려받을 수 없는 삶이기에, 거기서부터 책임지는 것이다. 나를 위해 전부를 쓴 사람에게, 남은 생을 내가 분납하듯 돌려주는 일. 빚이 아니라 사랑의 정산. 감정이 아니라 의무의 문제다.

엄마는 나를 위해 늘 무언가를 미뤘다. 자신의 일, 자신의 욕망, 자신의 아픔. 늘 다음에 하겠다고 말하고, 결국 하지 못한 채 백수십 번의 계절을 넘겼다. 그 삶의 패턴이 몸에 배어 이제는 질문도 사치처럼 느껴질 만큼 익숙해졌지만, 나는 알고 있다. 지금 돌보지 않으면, 평생 후회하게 된다는 걸. 말하지 않아도 느껴지는 외로움과 침묵, 그것을 그대로 두면 죄로 남는다는 걸.

어릴 때는 나를 위해 살아줬으니, 이제는 내가 스스로 살아야 한다고 생각했다. 하지만 그건 틀렸다. 이제부터는 나만 살아선 안 된다. 그 사람이 살아 있는 동안, 그 삶이 나의 삶 안에서 지속되어야 한다. 외출 하나, 식사 하나, 진료 예약 하나, 아무것도 아닌 일들에 시간을 쓰는 것이, 어쩌면 가장 위대한 기록일 수 있다.

누구의 인정을 받지 않아도 좋다. 나는 이 생을 책임질 자격이 있다. 충분히 받았고, 충분히 배웠고, 이제는 내가 갚을 차례다.

남겨진 시간이 얼마나 남았는지는 중요하지 않다. 다만, 그 시간이 무의미하게 흘러가지 않게 하는 일이 내 몫이다. 혼자 두지 않고, 모른 척하지 않고, 지금부터라도 매일을 동행하는 일. 그것이 이기적인 인생을 끝내 이타적으로 만드는 유일한 방법이다. 스스로를 최우선에 두고 살아온 사람도, 마지막에 한 사람만큼은 끝까지 책임져야 한다. 내가 살면서 만든 모든 성취보다, 그 사람과의 남은 시간이 더 중요하다. 지켜야 할 사람은 많지 않지만, 단 한 명만은 절대 놓치지 않아야 한다.

: 67절 :

자기도 아기였던 사람이 나를 키웠다. 겨우 다섯 살 먼저 태어났을 뿐인데, 나보다 훨씬 크고 단단한 사람처럼 행동했다. 엄마가 없을 때 밥을 챙겨주고, 감기 기운이 오면 옆에서 이불을 덮어줬다. 놀이터에서 싸움이 나면 가장 먼저 달려왔고, 내가 울면 누구보다 빨리 달래줬다. 나는 늘 어린 척을 했고, 누나는 늘 어린 걸 멈춰야 했다. 친구들 사이에서 웃고 떠드는 또래였지만, 집에 돌아오면 엄마처럼 굴어야 했다. 누군가의 자식이면서 동시에 또 다른 누군가의 보호자였던 시간들. 그 어긋난 역할을 평생 아무도 사과하지 않았다.

어릴 땐 몰랐다. 누나는 원래 그런 사람인 줄 알았다. 나보다 많이 알고, 더 빨리 움직이고, 덜 쉬는 사람. 말없이 참는 걸 당연하게 여겼고, 남을 챙기는 태도를 성격이라고 착각했다. 하지만 시간이 지나고 보니, 그건 성격이 아니라 훈련이었다. 이 집안에서 가장 먼저 철들어야 했고, 가장 오래 아이가 아니어야 했던 사람. 나를 안아주던 손이, 사실은 누구에게도 안겨본 적 없는 손이라는 걸, 너무 늦게야 알게 됐다.

누나는 늘 나를 먼저 생각했다. 용돈을 받아도 나를 챙기고, 좋은 걸 먹을 기회가 있어도 나에게 먼저 권했다. 생일 선물을 받아도 내가 먼저고, 아프면 학교를 빠지면서까지 병원에 따라와 줬다. 사랑이라는 단어 없이, 돌봄이라는 기술만으로 감정을 표현했던 사람. 나는 그것이 사랑인 줄도 모르고 자랐다. 그래서 말하지 않았다. 고맙다고도, 미안하다고도. 오랜 세월 동안 받아만 오다가, 주는 법은 잊고 살았다.

이제 와서 돌이켜보면, 누나의 청춘은 반쪽짜리였다. 반은 나에게 쏟아졌고, 반은 스스로 견뎌야 했다. 하고 싶은 것도 많았겠지만, 먼저 해야 할 일이 있었다. 누구를 위한 것도 아니었고, 그저 눈앞의 상황을 받아들이는 방식이었다. 그 받아들임이 쌓여서 지금의 누나가 됐다. 삶이 단단해졌지만, 동시에 많이 닳았다. 이기지 못한 상처들이 조용히 스며든 얼굴. 그런데도 여전히 나는 받으려 한다. 지금도 누나의 안부보다 내 근황을 먼저 말하고, 누나의 어려움보다 내 피곤함을 먼저 이야기한다. 그것이 얼마나 부끄러운 일인지, 알면서도 자주 반복한다.

이제는 순서를 바꿔야 한다. 누나의 시간을 내가 책임져야 한다. 어린 시절을 나에게 써버린 사람이, 이제는 자신의 하루를 받아야 한다. 내가 먼저 연락하고, 내가 먼저 챙기고, 내가 먼저 알아차려야 한다. 그건 은혜가 아니라 의무다. 갚아야 할 빚이고, 끝까지 가져가야 할 책임이다. 누군가는 내 어린 시절을 전부 써서 지켜줬고, 그 시간 덕분에 내가 지금 여기 있다. 나는 그 사람이 살아온 날만큼은, 내가 감당해야 한다고 믿는다.

삶은 차례를 지켜야 한다. 누군가를 위해 받은 시간이 있다면, 그 시간을 돌려줘야 하는 시점이 온다. 누구도 대신 살아주지 않지만, 대신 살아준 것 같은 사람이 있다면, 그 생애만큼은 책임져야 한다. 누나가 그랬다. 나를 위해 살아준 사람. 내가 태어나기도 전부터 나를 기다려준 사람. 평생 나를 중심에 두었던 사람. 이제는 내가 중심이 되어야 한다. 누나의 이름이, 보호자가 아니라 보호받을 사람으로 바뀌어야 한다.

68절

모방

가족 같은 사이란 말은 가족이 아니라는 뜻이다. 그 말은 책임 없이 애정만 흉내 낼 수 있다는 신호다. 가까운 척은 빠르지만, 끝까지 함께하는 사람은 거의 없다. 누구나 쉽게 입에 올릴 수 있지만, 정작 아무도 그 무게를 감당하지 않는다. 친구라는 말보다, 오히려 더 조심해야 하는 표현이 가족이다. 진짜 가족은 그런 말을 쓰지 않는다. 굳이 말하지 않아도, 오래 남기 때문이다.

가족 같은 사이가 되자고 말하는 사람은 대개, 기대만 있고 책임은 없다. 힘들 땐 먼저 공감하고, 좋을 땐 먼저 축하한다. 그 모든 표현은 빠르지만, 정작 피로하거나 불편한 순간엔 사라진다. 책임지지 않는 정은 가볍다. 무거운 말을 가볍게 쓰는 사람일수록, 진짜 무게를 감당한 적이 없는 사람이다. 가족을 닮았다는 이유로 쉽게 허용된 사이일수록, 나중에 감당해야 할 후회는 더 크다.

시간이 쌓이면 감정이 따라올 거라 믿지만, 감정은 단지 반복으로 깊어지는 게 아니다. 책임을 나누고, 불편함을 함께 견디고, 결핍을 외면하지 않아야 관계는 단단해진다. 그게 없다면, 아무리 오래 알고 지낸 사이라도 감정은 흩어진다. 가족은 매번 이해하지 않아도 곁에 있고, 설명하지 않아도 기다린다. 그런 존재와 닮았다고 자청하는 사람이 있다면, 말이 아닌 기록으로 증명해야 한다. 몇 번의 대화가 아니라, 몇 번의 침묵에도 여전했던 사람이어야 한다.

모두가 가까운 척하는 시대다. 아끼는 척, 위하는 척, 책임지는 척. 말이 앞서고 행동이 따라오지 않는 관계에 시간을 쏟으면, 나중엔 관계가 아니라 피로만 남는다. 상대의 말이 아니라 내 에너지의 소진이 모든 것을 판단하게 된다. 그런 사이가 많아질수록 진짜 가족은 더 소중해진다. 말로 포장하지 않아도 늘 옆에 있었던 사람, 아무 설명 없이도 감정을 허락했던 사람, 멀어지지 않으려 애쓰지 않아도 늘 거기 있었던 사람. 그런 존재는 대개 말이 없고, 선언하지 않는다. 가족은 말보다 오래 살아남는 방식으로 증명된다.

그래서 말로 다가오는 사람보다, 조용히 곁에 있던 사람을 신뢰해야 한다. 말보다 침묵이 더 가까웠던 사람, 기념일보다 일상의 기척으로 남은 사람. 가족이란 말은 그렇게 탄생하는 것이지, 스스로 붙이는 게 아니다. 관계란 건 원래 스스로 만든다기보단, 시간이 검증해 주는 것이다.

가족 같다는 말을 남발하는 사람일수록, 가족을 가장 가볍게 다루는 사람이었다. 가까운 사람은 자기 입으로 그 말을 꺼내지 않는다. 진짜는 말하지 않고, 말하는 쪽은 대부분 가짜다.

: 69절 :

삶은 누구와 함께하느냐에 따라 완전히 갈린다.

방향이 틀어지고, 기준이 달라지고, 도착지가 달라진다. 좋은 사람을 만난다는 건 단순한 위안이 아니라, 인생 전체의 경로가 달라지는 일이다. 아무리 잘 달려도 옆에 선 방향이 엉뚱하면 잘못된 곳에 도착하게 된다. 그래서 사람을 선택할 때는 말보다 속도를 봐야 한다. 어느 쪽으로 걷고 있는지, 그 리듬이 나를 망가뜨리는 건 아닌지, 그 침묵이 무관심인지 평온인지 구별할 줄 알아야 한다.

사람은 환경의 결과물이 아니라, 관계의 결과물이다. 환경은 바꿀 수 있지만, 옆 사람은 고치기 어렵다. 잘못된 사람과 오래 있으면 자신도 잘못된 방식으로 세상을 해석하게 된다. 그 사람의 말투가 내 말투가 되고, 그 사람의 반응이 내 감정이 된다. 함께하는 사람은 나를 바꾸지 않고도 내 삶 전체를 바꿔놓을 수 있다. 그걸 모르고 친해지면, 나중에 돌이킬 수 없다. 손절은 쉽지만, 삶의 궤도를 되돌리는 건 어렵다.

가볍게 지내는 관계가 가장 위험하다. 나를 묻지 않으면서 오래 곁에 있는 사람, 잘못된 말에도 쉽게 웃는 사람, 경계 없이 다가오고 아무 책임 없이 사라지는 사람. 이런 사람은 나를 무너지게 하진 않지만 흐리게 만든다.

선명한 사람은 드물고, 흐릿한 사람은 흔하다. 그래서 선택은 단호해야 한다. 친해지기 전에 걸러야 하고, 마음 주기 전에 의심해야 한다. 사람은 나중에 바뀌지 않는다. 처음의 촉이 틀린 적은 거의 없다.

누구와 함께 있는지가 나의 미래다. 말이 많은 사람보다 말이 일치하는 사람을 선택하고, 잘해주는 사람보다 잘 견디는 사람을 선택해야 한다. 좋을 때 함께한 사람보다, 어려울 때도 멀어지지 않는 사람을 더 오래 봐야 한다. 관계는 사건으로 결정되지 않고, 흐름으로 드러난다. 한번 잘한 사람보다 꾸준히 이상하지 않은 사람이 옳다. 그 기준을 놓치면, 모든 선택이 흔들린다.

70절

누군가 이유 없이 싫다면, 반드시 이유가 있다.

설명은 안 되지만 몸이 먼저 반응한다면, 이미 감지된 것이다. 머리는 속아도 감정은 속지 않는다. 이성은 타협을 하고, 예의는 무시를 덮지만, 기분은 본질을 먼저 알아챈다. 이유 없는 거부감은 대개 오래 참은 감정의 요약이다. 아무 일 없었지만 불편하고, 말 한마디 없었는데 피로하다면, 그건 반드시 언젠가 증명된다.

사람을 싫어한다는 감정은 절대 가볍지 않다. 대부분은 무시하고 지나가지만, 지나고 나면 알게 된다. 처음의 그 불쾌함이 맞았다는 걸. 사람은 말보다 공기를 통해 상대를 인식한다.

억지로 웃으며 대화하더라도 마음 한구석은 긴장을 놓지 않는다. 그 긴장감은 이유 없이 생기지 않는다. 그것은 판단이 아니라 감각이고, 감각은 생존에 가깝다.

세상은 관계를 맺는 법만 가르치고, 관계를 끊는 감각은 무시한다. 하지만 가장 날카로운 자기 보호는 싫다는 감정에서 시작된다. 좋은 사람을 알아보는 능력보다, 위험한 사람을 먼저 피하는 능력이 더 절박하다. 설명 없이 불편한 관계는, 설명할 수 없을 정도로 나를 소모시킨다. 감정이 먼저 꺼려지는 사람과는, 나중에 이성도 어긋나게 되어 있다.

그래서 이유 없는 기피는 반드시 존중해야 한다. 불편한데 이유를 찾는 게 아니라, 불편하니까 멀어지는 게 맞다. 감정이 반응하는 순간을 의심하지 말고, 그 반응을 삶의 중심으로 가져와야 한다. 사람을 분별한다는 건 특별한 기술이 아니다. 단지 내가 꺼리는 것을 참지 않는 용기일 뿐이다.

71절

뒷담화는 듣는 것도 문제지만, 말하는 쪽은 훨씬 위험하다. 말을 꺼내는 순간, 그 자리에 걸린다. 그 대상과 수준을 나누는 게 아니라, 그 대상과 연결되는 것이다. 타인의 허점을 논하면서 스스로의 바닥을 드러내고, 정당하다고 믿는 순간 이미 더 깊이 얽힌다. 누군가를 깎아내리는 말은, 반드시 그 말에 들러붙는다. 그렇게 사람은 대상보다 더 저급해진다.

말은 남지 않지만 말한 사람은 남는다. 누가 무슨 말을 했는지는 시간이 흐르면 잊히지만, 그 말을 꺼낸 사람의 얼굴은 지워지지 않는다. 뒷담화는 정보를 주는 게 아니라 인상을 남긴다. 그리고 그 인상은 한 번 각인되면 좀처럼 회복되지 않는다. 입을 가볍게 여긴 사람은, 나중에 아무리 무거운 말을 해도 신뢰를 얻지 못한다. 사람은 말하는 내용이 아니라 말하는 모습대로 기억된다.

타인을 평가하는 말은 자기 설명이다. 뭔가 부족하다는 말은 그 사람의 기준이고, 뭔가 불편하다는 말은 그 사람의 감정일 뿐이다. 그런데도 마치 객관적인 진실처럼 포장하고 나누는 순간, 그 사람은 자기감정에 휘말리는 삶에서 벗어나지 못한다. 누구를 이야기하든, 남는 건 자기 수준이다.

그러니 정 뒷말을 나눠야 할 일이 있다면, 믿을 수 있는 사람과만 해야 한다. 판단이 아닌 성찰로 끝나는 대화, 비난이 아닌 정리로 수렴되는 말, 서로를 지키는 방식으로 감정을 나눌 수 있는 사람. 나 자신만큼 신뢰할 수 있는 사람.

말은 언제나 흘러나가게 되어 있으니, 그 말의 끝이 삶의 방향이 되어줄 사람이어야 한다. 험담은 관계를 갉아먹지만, 올바른 대화는 삶을 함께 다듬는다. 어디서든 쉽게 말하지 말고, 누구에게든 말하지 마라. 입이 아니라 삶을 정돈할 수 있는 사람에게만 입을 열어야 한다.

72절

좋은 사람을 만나고 싶다는 말은 외부에 기대겠다는 뜻이다. 누군가 다가와 나를 바꿔주고, 삶을 정리해 주고, 내 불안정한 감정을 붙잡아 주길 바라는 마음. 하지만 그런 식의 만남은 오지 않거나, 와도 오래 머물지 않는다. 사람은 사람을 구할 수 없고, 좋은 사람은 찾는 게 아니라 따라오는 것이다. 먼저 되어야 온다. 스스로 괜찮아질 때, 그 괜찮음에 반응하는 사람이 따라붙는다.

관계는 반사다. 내가 무거우면 가벼운 사람이 멀어지고, 내가 조급하면 침착한 사람이 불편해진다. 내 태도가 상대를 결정한다. 좋은 사람을 만나기 전에, 내가 어떤 사람인지부터 먼저 봐야 한다. 내가 불안하고 정리되지 않은 상태라면, 어떤 사람과 있어도 감정은 무너진다. 반대로 내가 단단하면, 그 단단함에 맞는 사람이 보인다. 좋은 관계는 우연이 아니라 파장이다. 좋은 사람은 고요한 파동을 인식한다. 설명하지 않아도 감지하고, 보여주지 않아도 알아본다.

그런 사람을 만나려면, 먼저 말이 적어야 하고, 감정이 정리되어 있어야 한다. 흔들릴수록 관계를 찾게 되지만, 사실 그럴수록 혼자 단단해져야 한다. 안정을 외부에서 구하는 사람은 어떤 관계 속에서도 불만족스럽다. 반면, 이미 중심이 있는 사람은 누굴 만나도 흔들리지 않는다.

좋은 사람을 원한다면, 기준이 아니라 상태를 만들어야 한다. 사람을 골라서 인생을 바꾸는 건 불가능하다. 내가 바뀌면 사람은 걸러지고, 상황은 정돈된다. 관계는 선택의 문제가 아니라 반사의 결과다. 내가 어떤 사람인가에 따라, 누구를 만나게 되는지가 정해진다.

73절

기회가 없어서 무너지는 사람은 드물다. 대부분은 감당하지 못해서 무너진다. 상황은 오는데, 그걸 받아낼 준비가 안 된 것이다. 성공이 오면 불안해지고, 사람이 붙으면 갈등이 생기고, 인정을 받으면 위태로워진다. 문제는 운이 아니라 용량이다. 그릇이 작으면 좋은 것조차 넘쳐서 흘러내린다.

욕망은 빠르고 성장은 느리다. 바라는 건 많지만, 감당하려는 훈련은 부족하다. 사람을 만나고 싶지만 책임질 태도가 없고, 자리를 원하지만 버텨본 적이 없다. 그래서 좋은 일이 와도 불편하고, 기회가 와도 주저하게 된다. 준비 없이 받으면 그것은 복이 아니라 사고다. 사람은 자기가 감당할 수 있는 만큼만 누릴 수 있다.

실력보다 먼저 필요한 건 깊이, 실적보다 먼저 만들어야 할 건 구조다. 그릇이란 건 단지 크기 문제가 아니라 무게 문제다. 얼

마나 큰 걸 담을 수 있는지가 아니라, 얼마나 오래 그것을 유지할 수 있는지의 문제다.

흘러내리지 않고, 쏟아지지 않고, 흔들리지 않을 수 있는 사람. 그런 사람만이 오래 누릴 수 있다. 무엇을 갖느냐보다, 무엇을 잃지 않느냐가 중요해진다.

그래서 기회를 기다리는 것보다 먼저 해야 할 건, 나를 다지는 일이다. 일이 오기 전에 기준을 세우고, 관계가 커지기 전에 내면을 정돈하고, 성공이 닿기 전에 버티는 법을 배워야 한다. 밖이 아니라 안을 먼저 확장해야 한다. 인생은 운이 아니라 수용력으로 갈린다. 먼저 받아낼 사람이어야, 나중에 견딜 수 있는 사람이 된다.

74절

주문

말은 감정의 표현이 아니다. 방향이다. 무심코 내뱉은 말들이 습관이 되고, 습관은 삶을 만든다. 반복하는 말이 많을수록, 그쪽으로 삶이 기울기 시작한다.

일이 잘 안 된다는 말은 끝내 의심을 부르고, 인생이 피곤하다는 말은 하루의 리듬을 먼저 무너뜨린다. 말은 현실을 따라가는 게 아니라, 현실을 끌고 간다. 그러니까 조심해야 한다. 말투가 태도를 결정하고, 태도가 흐르면 삶도 흐려진다.

사람은 스스로에 대해 말한 대로 살게 되어 있다. 가능성을 먼저 말하는 사람은 기회에 반응하고, 피곤하다는 말부터 내뱉는 사람은 불만부터 키운다. 입에 익은 말은 머릿속 믿음의 모양이다. 안 된다고 말하면 시도조차 줄어들고, 어렵다고 말하면 판단이 느려진다. 내 말이 내 인생의 선포다. 조심하지 않으면, 말이 아니라 저주가 된다.

누군가를 흉보면 그 사람보다 먼저 내가 무너지고, 스스로를 깎는 말은 자존감보다 앞서서 나를 배반한다. 바뀌고 싶다면 말부터 정리해야 한다. 자주 쓰는 말이 곧 내가 사는 방식이다. 인생이 자꾸 틀어지는 것 같다면, 먼저 입을 들여다봐야 한다. 말은 행동보다 먼저 움직이고, 말보다 빠른 후회는 없다.

: 75절 :

세상은 진실보다 태도를 먼저 본다. 내면이 단단하든 무너지든, 겉이 위축되면 그대로 판단 당한다. 기가 죽은 사람은 옳은 말을 해도 무시당하고, 움츠린 자세는 아무리 선해도 가볍게 취급된다. 세상은 정직하게 굴지 않는다. 보이는 대로 판단하고, 보이는 만큼만 대우한다. 그래서 억지로라도 당당해야 한다. 설령 속이 흔들려도, 밖은 단단해 보여야 한다. 내가 나를 지키지 않으면, 누구도 나를 지켜주지 않는다.

태도는 위장이나 허세가 아니다. 자기 존재를 어떻게 배치할 것인가에 대한 전략이다. 고개를 들고, 말끝을 흐리지 않고, 공간 속에서 당당히 자리를 차지하는 것. 그건 누굴 이기기 위한 게 아니라, 내가 나를 함부로 대하지 않기 위한 기본이다. 단단한 사람은 절대 먼저 무너지지 않는다. 겉을 단단히 세운다는 건, 싸움을 준비하는 게 아니라, 불필요한 오해를 줄이겠다는 뜻이다. 세상은 의외로 생각보다 깊게 들여다보지 않는다. 겉이 주는 인상을 끝까지 밀고 가는 경우가 대부분이다.

그러니 단단해 보여야 한다. 여유 없어도 여유 있어 보이고, 위축되어도 중심은 지켜야 한다. 자세가 무너지면 말도 가벼워지고, 말이 가벼우면 행동은 따라오지 않는다. 기죽는다는 건 단지 감정이 꺾이는 게 아니라, 모든 태도가 내려앉는 일이다. 주눅은 언어로 드러나고, 눈빛으로 퍼지고, 분위기로 확산된다. 그러면 아무 말 하지 않아도, 나를 가볍게 다루기 시작한다.

진짜 중요한 건 잘난 사람이 되는 게 아니다. 무너지지 않는 사람으로 보이는 것이다. 스스로를 어떻게 다루는지에 따라 세상의 대우도 달라진다. 외형은 본질을 가리는 게 아니라, 본질을 지키기 위한 막이다. 당당함은 말투도, 복장도, 걸음걸이도 포함된 전부의 언어다. 눈빛 하나, 자세 하나가 자존감이다. 겉모습은 무시당하지 않기 위한 최전선이다.

: 76절 :

사람은 연결된 채로는 자기 판단을 할 수 없다. 누구의 눈치를 보고, 누구의 시선을 의식하고, 누구의 생각에 기대는 동안은 모든 판단이 타인의 연장선일 뿐이다. 정답보다 먼저 고려되는 건 관계고, 감정보다 우선하는 건 반응이다. 그래서 혼자 있어보지 않으면 진짜 자기가 누구인지 끝까지 모른다. 단절 없이 중심은 없다. 중심은 외로움 끝에서야 생긴다.

진짜 선택은 조용한 상태에서만 올라온다. 연락을 끊고, 피드백을 멈추고, 비교를 차단해야 겨우 본심이 드러난다. 그때야 알게 된다. 내가 정말 원했던 게 뭔지, 내가 피했던 게 뭔지, 지금까지 해왔던 말과 행동이 얼마나 타인 친화적인 것들이었는지.

혼자 있어보지 않으면, 평생 자기 인생이라 부르며 남의 설계를 살게 된다.

침묵은 불편하지만, 가장 신뢰할 수 있는 기준이다.

모든 연결을 끊는다는 건 고립이 아니라 정돈이다. 누구와도 연결되지 않은 순간에야, 내가 어떤 속도로 걷는지를 알 수 있다. 그때야 보인다. 어떤 관계는 내 에너지를 갉아먹었고, 어떤 말은 내 판단을 흐렸고, 어떤 인정은 나를 한참 돌아가게 만들었다는 걸. 격리는 두려움이 아니라, 회복이다. 외로움은 통과해야 하는 통로지, 멈출 이유가 아니다.

77절

기민

흔들리지 않으려면 무뎌져야 한다고 말하는 사람들이 있다. 예민해서 힘든 거라고, 둔해지면 덜 아프다고. 하지만 무뎌짐은 보호가 아니라 무방비다. 변화도, 위기도, 신호도 모두 먼저 감각으로 온다. 그 감각을 죽이는 순간, 삶은 반응하지 못하는 사람이 된다.

그래서 단단해지려면 오히려 민감해져야 한다. 사람의 분위기, 관계의 균열, 자기 안에서 작게 올라오는 불편함까지. 그걸 먼저 감지할 줄 아는 사람이 끝까지 흔들리지 않는다.

무너지는 사람은 대체로 늦게 눈치챈다. 상황이 이미 기울고 나서야 불편함을 느끼고, 관계가 거의 끝나갈 때에서야 긴장하기 시작한다. 그때는 이미 늦다. 정리할 수 없는 감정이 밀려오고, 되돌릴 수 없는 선택이 남는다.

그래서 견디는 사람은 둔한 사람이 아니라 민감한 사람이다. 흔들릴 때 빨리 알아채는 사람, 무너지기 전에 멈추는 사람. 중심은 반응 속도에서 갈린다.

예민하다는 말은 칭찬이 아니다. 그렇다고 숨겨야 할 것도 아니다. 타인의 말보다 자기 안의 신호를 먼저 듣는 사람이 되어야 한다. 무시했던 감각은 반드시 큰일로 돌아온다. 흔들림을 막고 싶다면, 둔해지지 말고 기민해져라. 살고 싶다면 먼저 느껴야 한다. 반응 없는 사람은 결국 방향 없이 산다.

° 78절 °

감정은 설명보다 먼저 식는다. 감정이 식은 다음에야 말문이 열리고, 그때야 이유를 말하고, 잘못을 인정하게 되지만, 이미 늦다. 감정은 설명을 기다려주지 않는다. 뜨거운 채로 남아 있지 않는다. 사라지면 다시는 돌아오지 않는다.

감정은 말이 아니라 시간 안에서 증발한다. 말로 풀 수 없는 거리, 미안하다는 말이 들리지 않는 온도.

다 사라지고 나면, 아무리 잘 설명해도 아무것도 회복되지 않는다.

79절

부식

사람은 바깥에서 망가지지 않는다. 안에서부터 썩는다. 말은 멀쩡하고 행동은 그대로인데, 내면 어딘가가 무너졌다는 걸 본인은 안다. 거기서부터 조용히 부식이 시작된다. 처음엔 작다. 피로한데 참을 수 있을 정도이고, 어색한데 설명은 가능하고, 불편한데 감정까지는 아니니까 넘어간다. 그렇게 하루 이틀 방치하면, 어느새 감각이 무뎌진다. 그리고 어느 날, 돌이킬 수 없을 만큼 무너져 있다.

자신을 속이는 일은 작지만 정확하다. 이 정도는 괜찮겠지, 지금만 이러는 거지 같은 자기 타협은 스스로의 기준을 서서히 깎는다. 누가 보는 것도 아닌데 왜 지켜야 하냐는 생각이 들기 시작하면, 그때부터 진짜 자기 자신은 뒤로 밀린다. 기준 없는 말, 원칙 없는 반응, 감정만 남은 선택들. 처음엔 편하고 빠르다. 하지만 반드시 나중에 치른다. 나를 속인 대가로, 나에 대한 신뢰를 잃는다.

내면이 썩는 건 소란스럽지 않다. 아무 일도 없는 듯 흘러가다가, 진짜 중요한 순간에 감당하지 못하고 무너진다.

그때서야 사람들이 말한다. 평소엔 괜찮아 보였는데. 괜찮아 보였던 건 맞다. 다만 오래전부터 썩고 있었던 것이다. 스스로도 알고 있었다. 그런데 멈추지 않았다. 아니, 멈추려 하지 않았다. 삶을 제대로 살고 싶다면, 가장 먼저 나 자신에게 정직해야 한다. 기준은 타인에게 보여주기 위한 게 아니라, 나를 지키기 위한 것이다.

80절

인생은 한 번 크게 흔들린다고 바뀌지 않는다. 감정은 쉽게 생기지만 쉽게 식는다. 변화를 만든다고 믿었던 결심도, 울컥 올라왔던 자책도, 며칠이 지나면 다시 원래의 생활로 흘러간다. 그건 감정이 분산돼 있기 때문이다. 여러 방향으로 동시에 반응하고, 동시에 불만족하고, 동시에 불안해하면, 아무것도 뚫고 나가지 못한다. 인생은 분산된 감정으로는 움직이지 않는다. 하나의 감정, 하나의 태도, 하나의 방식에 오래 머무는 사람만이 방향을 바꾼다.

무언가를 바꾸고 싶다면 감동을 찾을 게 아니라, 감정의 정리부터 시작해야 한다. 너무 많은 감정이 오가는 상태에서는 삶의 구조를 만들 수 없다. 방향이 흔들리고 중심이 없으면, 열심히 살아도 헛돈다. 인생을 정리하고 싶다면 먼저 말수를 줄이고, 선택을 줄이고, 감정을 하나로 좁혀야 한다. 집중하지 않으면 아무리 많은 것을 갖고 있어도 아무것도 못 바꾼다.

감정을 오래 끌고 갈 수 있는 사람은 변화를 만든다. 순간의 열정은 누구나 있다. 하지만 그 열정을 방향으로 고정시킬 수 있는 사람은 적다. 그 고정된 감정이 집중이고, 집중이 쌓이면 태도가 되고, 태도가 쌓이면 인생이 된다. 하루에 단 1시간이라도 같은 방향으로 생각하고, 같은 마음으로 움직일 수 있다면, 삶은 조금씩 다른 길로 흘러간다.

변화는 타이밍이 아니라 구조다. 구조는 집중 없이 만들어지지 않는다.

사람들은 다양하게 살고 싶어 한다. 여러 가능성을 남겨두고, 여러 역할을 동시에 수행하고, 여러 감정을 동시에 품고 싶어 한다. 하지만 그런 사람일수록 정작 변화는 없다. 조금씩 다 잘하려다가 결국 아무것도 단단하게 만들지 못한 채 하루를 마무리한다. 집중하지 않으면 아무리 바쁘게 살아도 흔적이 없다. 인생은 집중한 쪽으로만 흘러간다.

81절

사람은 버티기 위해 얼굴을 만든다. 상처를 감추고, 감정을 숨기고, 관계 안에서 무너지지 않기 위해 조심스럽게 조립된 표정 하나. 처음엔 나를 지키기 위해 썼던 그것이 어느 순간 나를 대신하게 된다.

타인의 기대에 반응하는 얼굴, 상황에 맞춘 반응, 침묵이 낫겠다 싶어 만든 웃음. 그렇게 가면은 표정이 되고, 표정은 습관이 되고, 습관은 내가 된다.

위험한 건 그 가면이 나를 대신해 살아가기 시작할 때다. 진짜 감정이 올라와도 누르기 바빠지고, 본심이 어색하게 느껴지고, 자기 안에 쌓인 감정이 외부와 연결되지 않는다. 나중엔 무슨 생각을 해도 표정이 변하지 않는다. 무표정이 아니라, 무감각이다. 그렇게 살면 언젠가 벗고 싶을 때, 안에 아무것도 남아 있지 않을 수 있다. 사람들은 말한다. 요즘 네 표정이 낯설다고.

사실은 내가 나를 잃어버린 것이다.

세상은 가면을 원하고, 나도 때론 거기에 맞춰 살아야 한다. 하지만 이건 수단이지, 정체성이 돼선 안 된다. 나는 표정을 쓸 줄 아는 사람이어야 하지, 표정에 먹힌 사람이 되어선 안 된다. 무너지지 않으려다 자신을 지우는 것보다, 조금 흔들려도 나로 남는 쪽이 훨씬 더 낫다.

82절

같은 상황에서 계속 무너진다면, 그건 우연이 아니라 구조다. 감정은 달라졌다고 믿지만, 반응은 똑같고, 선택은 늘 그 자리에 머문다. 삶이 나아지지 않는 건 상황이 반복되기 때문이 아니라, 내가 반복되기 때문이다.

불안할 때마다 무리하게 말하고, 외로울 때마다 엉뚱한 사람을 붙잡고, 피로할 때마다 버려야 할 걸 지키려 한다면, 어떤 계절이 와도 결국 같은 자리에서 무너진다.

문제는 상황이 아니다. 대응 방식이다. 반복되는 실패엔 반드시 습관이 있다. 감정의 흐름, 말의 톤, 선택의 패턴, 회피의 타이밍. 그 모든 게 익숙한 방식으로 굳어져 있다. 고치지 않으면 고장난다. 스스로를 무너뜨리는 건 대부분 남이 아니라 자기 습관이다.

삶을 바꾸고 싶다면, 먼저 관찰해야 한다. 나는 언제 흔들리고, 어떤 순간에 도망치고, 어떤 식으로 타협하는가. 그걸 모르면 아무리 결심해도 돌아간다. 반복은 기억을 만든다. 그리고 반복된 습관은 운명처럼 삶을 이끈다.

◦ **83절** ◦

사람은 하루 종일 남의 주파수 안에서 산다. 타인의 말투, 생각, 반응, 감정, 기준을 끊임없이 수신하며 자기 것처럼 살아간다. 그 사람은 왜 저렇게 말했는지, 누가 나를 어떻게 바라보는지, 지금 이 흐름에서 내가 어떻게 보여야 하는지.

그렇게 타인의 신호에 반응하는 동안, 내 안의 소리는 점점 작아진다. 결국 어느 순간부터는 침묵이 아니라 무음이 된다. 듣지 않는 게 아니라, 아예 들리지 않게 된다.

삶이 흐트러졌다는 느낌이 들 때, 대부분은 바깥을 정리하려 한다. 관계를 줄이고, 일정을 바꾸고, 환경을 바꾸려 한다. 하지만 정말 먼저 해야 할 일은 소음을 끄는 것이다. 뉴스 알림을 줄이고, 불필요한 대화를 자제하고, 무의미한 비교를 차단해야 한다.

내가 생각한다고 믿는 많은 것들이, 사실은 외부에서 받아들인 말과 구조일 뿐이다. 내 생각이 아니라, 들은 생각에 반응하고 있는 것이다. 내 감정도 그 연장선일 가능성이 높다.

조용해져야 한다. 아주 조용해져야 겨우 들리는 게 있다. 어떤 순간에 내가 예민해지는지, 어떤 말에 피로를 느끼는지, 누구 앞에서 말이 길어지는지. 그게 다 내가 지금 어디에 맞춰 살고 있는지를 알려주는 신호다. 자기 주파수를 되찾는 일은 선택이 아니라 생존이다. 타인의 소리에 익숙해진 사람은 어느 순간부터 자신을 잃는다. 그 잃어버림은 큰 사건으로 오지 않는다. 단지 방향 없이 피곤해지고, 이유 없이 우울해지고, 설명 없이 흐려질 뿐이다.

삶은 자신에게 얼마나 정확히 맞춰 살아가는가의 문제다. 어떤 일을 하든, 어떤 사람을 만나든, 내 중심 주파수가 잡혀 있어야 선택이 일관되고 감정이 낭비되지 않는다.

삶을 정리하고 싶다면, 먼저 소리를 줄여야 한다. 세상은 끝없이 떠들고, 나는 그 속에서 나를 조용히 되살려야 한다. 연결을 끊는 게 아니라, 내가 중심이라는 신호를 회복하는 일이다.

: 84절 :

모든 인내가 용기는 아니다. 때로는 무지다.

더 이상 감당할 수 없는 상황에 남아 있는 걸 버팀이라 착각하고, 이미 고장 난 관계에 붙어 있는 걸 책임감이라 믿는다. 하지만 그건 자기 파괴다. 견디면 나아질 거라 믿지만, 대부분의 경우 그 자리는 변하지 않는다. 바뀌는 건 그 안에 갇힌 나다. 견디다 무너진 사람은 많지만, 견뎌서 살아난 사람은 드물다. 그래서 어떤 순간엔 버티는 게 아니라 벗어나는 게 맞다. 탈출은 회피가 아니라 생존이다.

사람들은 도망쳤다고 말한다. 도망이란 말에는 비겁함이 묻어 있다. 하지만 떠난 사람은 안다. 더 남아 있으면 스스로를 해칠 수 있다는 걸. 버틴다는 건 늘 옳은 선택이 아니다. 때로는 자기를 망치는 합리화가 되기도 한다. 무너지는 걸 감지했을 때, 거기서 빠져나오는 용기도 분명한 선택이어야 한다. 무엇을 견

디는가보다, 언제 떠나야 하는가가 삶을 더 정확하게 구분 짓는다.

모든 싸움을 이길 필요는 없다. 어떤 싸움은 애초에 들어가지 않는 게 정답이다. 버티는 사람이 위대한 게 아니다. 자기 파괴를 중단할 줄 아는 사람이 단단한 것이다. 탈출은 포기가 아니다. 자기를 지키기 위한 마지막 선택이다. 무너질 걸 알면서도 남아 있지 마라. 그건 용기가 아니라, 자기 자신에 대한 배신이다.

◦ **85절** ◦

고통은 시간이 지나서 끝나는 게 아니다. 끝까지 겪었을 때 끝난다.

피하고 외면하고 잊으려 해도, 통과하지 않으면 남는다. 억지로 밝은 얼굴을 하고, 일부러 아무 일 없다는 듯 일상을 살아도, 몸 어딘가에 잔여가 남는다. 그 잔여는 상황이 비슷해질 때마다 다시 올라온다. 같은 말에 예민해지고, 같은 상황에 어두워지고, 같은 감정에 끌려간다. 덮은 고통은 사라지지 않는다. 고통은 겪은 만큼만 끝난다.

그래서 통증은 지나가게 두는 게 아니라 끝까지 들여다봐야 한다. 그게 어떤 감정인지, 어디서 시작됐고 어디까지 내려가는지를 아는 사람만이 그 감정에서 빠져나올 수 있다. 감정을 멈추면 시간이 늘어지고, 감정을 끝까지 밀고 가면 회복은 빨라진다. 애써 회피한 사람보다 끝까지 아파본 사람이 훨씬 빨리 돌아온다. 차라리 울고, 무너지고, 쓰러져야 한다. 견디는 게 아니라 통과해야 끝난다.

슬픔은 터뜨려야 가라앉고, 분노는 알아야 잦아들며, 상처는 인정해야 아물기 시작한다.

감정을 죽이는 게 강한 게 아니다. 감정을 견디는 게 살아 있는 것이다. 그러니까 고통이 올 때는 버티려 하지 말고 들어가야 한다. 견디는 사람은 오래 아프고, 아파본 사람은 짧게 남는다. 피할수록 길어지고, 직면할수록 가벼워진다. 회피는 연장이고, 직면은 마감이다.

86절

주도

삶은 반응으로 흘러가지 않는다. 조율 받는 순간, 중심을 잃는다. 누군가의 감정에 맞춰 말투를 바꾸고, 눈치를 보며 기준을 조절하고, 관계의 온도에 따라 내 태도를 흔든다면, 결국 삶은 나의 것이 아니게 된다. 조용히 무너지는 사람은 대개 조율 당하는 사람이다. 스스로 삶을 끌어가지 못하고, 외부 자극에 따라 방향을 틀고 속도를 조절한다. 그렇게 살면 어느 순간부터는 자기 목소리를 잃는다.

삶을 바꾸고 싶다면 먼저 조율하는 쪽으로 넘어가야 한다. 대화의 흐름을 잡고, 감정의 중심을 지키고, 관계의 틀을 설계하는 사람. 그게 주도다. 상대가 먼저 반응하길 기다리지 말고, 내가 먼저 구조를 정해야 한다. 무슨 말을 하고, 어떤 분위기를 만들고, 어디서 멈출지를 선택하는 사람은 흔들리지 않는다. 흐름은 먼저 움직이는 사람에게 쏠린다.

주도는 타인을 제압하는 게 아니다. 스스로를 방어하는 기술이다. 먼저 선택하고 먼저 움직일 수 있어야, 타인에게 휘둘리지 않는다.

무엇을 말할지보다, 무엇을 말하지 않을지를 정할 수 있는 사람. 그 사람이 중심을 가진 사람이다. 인생은 기다리는 쪽보다 움직이는 쪽을 따라간다. 삶이 조율되길 바라지 말고, 조율하라. 끝까지 남는 쪽은 늘, 먼저 박자를 만든 사람이다.

87절

거울

삶이 어그러졌다고 느껴질 때, 대부분은 방향을 탓하거나 환경을 바꿔보려 한다. 하지만 진짜 시작은 거울 앞이다. 얼굴을 똑바로 보는 일, 감정 없이 마주 보는 일, 회피 없이 나를 가늠해보는 일. 외면을 치우고 나면 내면이 드러나고, 내면을 들여다보면 습관이 보인다. 문제는 삶이 아니라 표정이다. 무너지기 시작한 얼굴을 그대로 방치하면서, 인생만 다시 세울 수는 없다.

어떤 표정을 오래 유지하면, 그게 태도가 된다. 태도는 사고를 만들고, 사고는 선택을 바꾼다.

결국 나의 하루는 내가 짓고 있는 얼굴을 따라간다. 웃는 척, 괜찮은 척, 단단한 척을 반복하다 보면, 어느 순간 진짜 감정이 사라진다. 그러면 방향감각도 무뎌진다. 삶이 잘못된 게 아니라, 나를 감추느라 진짜 삶이 시작되지 않은 것일 수 있다.

거울 앞에서 정직해져야 한다. 자주 무너지는 사람은, 자주 외면한 사람이다. 고개를 돌리지 말고, 스스로를 정면으로 마주 보는 일. 그게 삶을 정리하는 첫 번째 선택이다. 거울을 제대로 본 사람만이, 인생을 바로 세운다.

88절

제때 빠지는 것도 기술이다.

견디다 무너지고, 무너진 다음에야 물러나는 건 대피가 아니다. 패배다. 더 버티면 나아질 거란 믿음은 대부분 착각이다. 상황은 버틴다고 바뀌지 않고, 타이밍을 놓치면 어떤 선택도 손해로 돌아온다. 먼저 떠난 사람이 이기는 게 아니라, 무너지기 전에 떠난 사람이 끝까지 살아남는다.

사람들은 참는 걸 미덕처럼 여긴다. 참고 있으니까 책임지는 것 같고, 자리를 지키니까 의리가 있는 것처럼 보인다. 하지만 그건 대체로 자기 판단을 유예하는 일이다. 멈춰야 할 타이밍에 멈추지 않고, 물러서야 할 때 머무르다 결국 스스로를 무너뜨린다. 그 무너짐이 시작된 순간, 더는 선택이 아니다. 그건 끌려 나오는 것이다.

진짜 대피는 의지가 있어야 가능하다. 감정이 정리되기 전에, 상황이 결정되기 전에, 내가 먼저 중심을 지키고 빠져나오는 일. 끝까지 버텼다는 이유만으로 정당성을 얻을 수는 없다. 삶은 끝까지가 아니라, 적절히 정리한 사람에게 돌아간다. 무너지고 나서 나오는 사람은 늘 늦는다.

89절

감정은 흘러가는 게 아니다. 다뤄야 한다. 선택도 마찬가지다. 그 순간 내 안에서 무엇이 작동했는지, 왜 그 방향을 택했는지, 나중에 설명할 수 없는 선택은 되도록 만들지 말아야 한다.

사람들은 감정대로 말하고, 기분대로 반응하고, 상황에 따라 행동을 바꾸지만, 그렇게 쌓인 하루는 나중에 돌아봤을 때 수치와 후회밖에 남지 않는다. 감정이란 건 다루지 않으면 휘두른다. 선택이란 건 조정하지 않으면 휘말린다.

단단한 사람은 예민하지 않은 사람이 아니라, 감정을 선별해서 쓰는 사람이다. 아파도 말하지 않고, 기분이 흔들려도 행동은 유지된다. 기분이 올라와도 끝까지 올라가지 않고, 생각이 많아져도 정해둔 기준을 넘지 않는다. 감정을 억제하는 게 아니라, 조율하는 것이다. 감정은 살아 있는 힘이지만, 그대로 쏟으면 에너지 낭비고, 그대로 묵으면 내부 손상이다. 그래서 조정이 필요하다. 드러내지 않으면서 관리하고, 흘러가지 않으면서 유지하는 것. 그게 진짜 자기 통제다.

감정과 선택을 방치한 사람은 결국 자신을 믿지 못하게 된다. 말하고 나서 후회하고, 결정해 놓고 흔들리고, 행동해 놓고 설명을 붙인다. 그건 단단한 사람이 아니다. 순간마다 조율된 반응을 선택할 수 있어야 삶이 일관되고, 선택이 쌓일 수 있다.

인생은 판단이 아니라, 반복이다. 반복은 조율 없이 가능하지 않다. 감정은 남겨두고, 선택은 정리해야 한다. 흘러가지 말고 다스려야 한다.

90절

삶을 정돈하려는 사람은 대개 뭘 더 해야 할지 고민한다.

무엇을 채우고, 무엇을 더 배우고, 어디에 도전할지 고민하지만, 실은 대부분의 삶은 줄여야 해결된다. 감정은 줄이고, 대화는 줄이고, 관계는 줄이고, 해명도 줄여야 한다. 더해서 완성되는 사람보다, 덜어내서 남는 사람이 더 제대로 산다. 남들이 뭐라 하든 지워야 할 건 지워야 한다. 남기기 위해 덜어내는 게 아니라, 지우지 않으면 중심이 보이지 않기 때문이다.

사람은 스스로 만든 부담에 무너진다. 입에 붙은 의무, 어정쩡한 관계, 아무 의미 없는 대화들이 스스로를 지치게 한다. 불편한 줄 알면서도 유지하고, 다 쓴 감정임을 알면서도 애써 끌고 간다.

하지만 중심을 지키는 건 남기기 위한 집착이 아니라 지우기 위한 단호함이다. 무엇을 더할지가 아니라, 무엇을 안 할지가 결국 나를 돕는다.

91절

처음엔 견디지 못했던 일도, 시간이 지나면 그럭저럭 버텨진다. 감정이 무뎌진 것도 아니고, 상황이 나아진 것도 아니다. 반복해서 아파봤기 때문에, 고통을 받아들이는 방식이 달라졌을 뿐이다. 그걸 사람들은 무뎌졌다고 착각하지만, 실은 정신이 단련된 것이다. 몸이 근육을 만들어내듯, 마음도 근육을 만든다. 그게 내성이다.

고통은 사라지지 않는다. 다만 그 고통을 다루는 사람이 바뀐다. 감정은 줄지 않았지만, 반응이 줄고, 파동이 줄고, 무너지기까지 걸리는 시간이 길어진다. 예전엔 바로 주저앉았을 감정에, 이제는 잠깐 멈춰 서게 된다. 예전엔 말로 쏟아냈던 걸, 지금은 침묵 안에서 정리한다. 성장이라는 건 결국, 고통을 조절하는 방식의 변화다. 그 변화는 단 한 번의 결심이 아니라, 반복된 감정 훈련에서 생긴다.

쉽게 무너지지 않는 사람은 강해서가 아니다. 무너져 본 적이 많아서다.

그 시간들에서 천천히 쌓인 감각이 있다. 어디까지 아픈지를 알고, 언제부터 회복이 시작되는지를 안다. 겪어본 사람만이 감정을 끝까지 따라가 보지 않는다. 대신 적당한 지점에서 감정을 멈추고, 삶을 이어간다. 그건 무시가 아니라 살아남는 기술이다.

92절

사람보다 무서운 건 감정이다.

누군가와 끊어냈다고 믿었지만, 생각은 남고 반응은 살아 있다. 이름을 지우고 번호를 막아도, 그 사람과 얽힌 감정은 여전히 작동한다. 그 감정은 예고 없이 튀어나오고, 다른 상황에 섞여 되살아난다. 이미 끝낸 줄 알았는데, 그게 아직도 내 반응을 지배한다면, 그건 관계가 아니라 감정의 전류다. 감정이 연결된 상태로는 진짜 끝난 게 아니다.

삶을 정돈하려면 관계를 끊는 것보다 감정의 회로부터 끊어야 한다. 겉으로 정리한 사이보다 내 안에서 여전히 반응하는 감정이 훨씬 더 오래 나를 망가뜨린다. 분노가 아직 작동하면 상대가 없어도 나는 그 감정 안에 머문다. 미련이 남아 있으면 말은 단호해도 선택은 흔들린다. 그래서 삶을 새로 짜고 싶다면 가장 먼저 해야 할 건 절연이다. 감정 회로를 내 손으로 잘라내

야 한다. 누군가를 끊는 게 아니라, 나의 감정을 끊는 일이다.

감정이 연결된 사람은 이미 끝난 관계도 계속 살아 있게 만든다. 그 사람은 떠났지만, 그 감정은 남아서 내 현재를 흐리게 만든다. 감정은 스스로 작동하고, 내 판단을 왜곡하고, 내 행동을 제어한다. 이게 반복되면 결국 나는 관계가 아니라 감정에 붙잡힌다. 두려운 건 사람 자체가 아니라, 내가 끊지 못한 감정이다.

: 93절 :

모든 선택엔 가격이 있다.

지금 결정하는 그 한 번의 방향에도 이미 가격표는 붙어 있다. 중요한 건 그 값을 아느냐이다. 모르고 움직이면, 선택은 늘 손해로 끝난다. 선택은 자유지만, 비용은 필수다. 감정에 따라 움직이고, 눈치에 따라 결정하면, 결과는 남고 책임은 사라진다. 그렇게 몇 번만 반복하면, 인생은 통제권을 잃는다.

사람들은 무언가를 얻으려 하면서, 동시에 아무것도 잃고 싶어 하지 않는다. 하지만 삶은 늘 주고받기다. 하나를 결정하면 하나를 포기해야 하고, 어떤 문을 열면 어떤 문은 닫힌다. 이 단순한 구조를 받아들이지 않으면, 끊임없이 되묻고 후회하고 흔들리게 된다.

그러면 결국 결정은 내가 한 게 아니게 된다. 누군가의 기준,

어떤 분위기, 지난 감정이 대신 정한 선택을 따라가게 된다.

삶을 자기 걸로 만들고 싶다면, 매번 묻고 살아야 한다. 지금 내가 하려는 이 선택에, 어떤 값을 치를 건가. 이건 지불할 만한가. 버틸 수 있는가. 계산 없이 사는 사람은 계속 빼앗긴다. 감정이 끌고 다니고, 타인이 조정하고, 상황이 휘두른다. 선택은 판단이 아니라, 감당의 문제다.

94절

흐트러진다는 건 결국 통제권을 잃는다는 뜻이다. 상황이 아니라 감정이 문제고, 환경이 아니라 태도가 문제다. 감정이 길어지고, 태도가 느슨해지고, 경계가 무뎌지면 아무리 잘 정돈된 하루도 금세 어지러워진다. 무너짐은 갑자기 오지 않는다. 조용히, 조금씩, 나도 모르게 무너진다.

그래서 스스로를 단속하지 않는 사람은 결국 어디서든 흐트러진다.

사람은 남이 무너지게 하지 않는다. 자기가 무너진다. 일정한 시간, 일정한 말투, 일정한 호흡, 일정한 거리. 이런 걸 지키지 못할 때부터 흔들리기 시작한다. 자기관리는 화려한 루틴이 아니라, 작은 기준을 매일 통과시키는 힘이다. 스스로의 상태를 감지하지 못하면, 반응이 늘 늦고 선택은 늘 지저분해진다. 감정을 단속하지 않으면 말이 길어지고, 행동이 늘어진다. 단속을 못한 사람은 자신을 잃는다.

흐트러지지 않으려면 타인을 조율하려 하지 말고, 먼저 자신을 조율해야 한다. 외부를 바꾸려 하기 전에 자기 속도와 중심부터 바로잡아야 한다. 중심은 단호함에서 나오지 않는다. 일관성에서 나온다. 어떤 상황에도 유지되는 자기 단속. 그게 사람을 무너지게 하지 않는 유일한 방법이다.

95절

실패가 반복되는 이유는 감정만 남기고 구조를 놓쳤기 때문이다. 무너졌던 기억은 선명하게 남는데, 왜 무너졌는지는 복기하지 않는다. 그때의 피로, 말의 실수, 대응의 타이밍, 감정의 경계선. 정확히 들여다보지 않으면 그 실패는 다시 돌아온다. 이름만 달라졌을 뿐, 같은 감정, 같은 상황, 같은 선택이 반복된다.

사람들은 실수를 피하려 한다. 하지만 더 중요한 건 실수 이후의 태도다. 후회로 끝난 실패는 교훈이 되지 않는다. 복기 없는 감정은 그저 찌꺼기고, 복기 없는 회복은 반복될 상처다. 삶이 달라지고 싶다면 감정을 먼저 들여다보는 게 아니라, 구조부터 복원해야 한다. 무엇이 나를 무너지게 했고, 무엇을 놓쳤고, 다음엔 어떻게 정리할 것인지. 복기 없는 사람은 결국 같은 상황을 다른 사람에게서 반복하게 된다.

변화를 만들고 싶다면 어제의 하루를 끝내기 전에 해체해 봐야 한다. 무너지지 않으려면, 무너졌던 방식부터 기록해야 한다.

96절

하루는 가볍지 않다. 무심코 지나가는 하루가 몇 개 쌓이면, 그게 곧 인생이다.

특별한 일이 없었다고 해서 무의미한 건 아니다. 어떻게 썼는지가 중요하다. 감정을 낭비했는지, 집중했는지, 정리했는지. 그 하루는 기록되지 않아도 내 삶의 구조에 들어간다. 하루의 질감이 곧 인생의 결이다.

사람들은 특별한 순간을 기다리지만, 진짜 무게는 반복 속에 있다. 아무 일도 없던 하루를 어떻게 썼느냐에 따라, 그 사람의 기준이 드러난다. 중심을 잡았는지, 흘렀는지, 시간을 썼는지 흘려보냈는지. 하루는 감정이 아니라 태도로 측정된다. 무엇을 했는지 뿐 아니라, 어떤 상태였는지가 진짜 기록이다.

대단한 목표를 이루지 않아도 괜찮다. 단지 하루를 정확히 쓸 수 있다면, 인생은 무너지지 않는다. 하루는 단가다. 감정 하나, 말투 하나, 선택 하나에 붙는 값. 내가 오늘을 어떻게 다뤘는지가 곧 내가 사는 방식이다. 내 삶의 품질은 하루 단위로 결정된다.

97절

끝까지 가고 싶다면 뒤를 보지 마라.

지나간 감정, 끝난 관계, 이미 지나온 장면을 붙잡는 습관이 걸음을 무디게 만든다. 방향을 잡았으면, 시선을 흩뜨리지 말아야 한다. 한 번 돌아본 마음은 속도를 잃고, 한 번 머문 감정은 리듬을 깬다. 대부분의 혼란은 경로가 아니라 시선에서 시작된다.

실패는 지나갔고, 관계는 끝났고, 기회는 지나쳤다. 그런데도 계속해서 똑같은 감정을 불러내고, 같은 장면을 되감고, 의미 없는 질문을 반복한다면, 그건 정리가 아니라 자해다. 무너졌던 시점에 머물면서 지금을 끌고 가는 건 자기 선택이다. 더 이상은 거기 머물지 말아야 한다.

걸어야 한다면 앞으로 걸어야 한다. 감정은 끊고, 말은 줄이고,

속도만 남겨야 한다. 전방을 바라보는 건 의지가 아니라 기술이다. 불필요한 감정은 시야를 좁히고, 남은 일은 정확한 방향 감각에 달려 있다. 앞으로 갈 사람은 앞만 본다. 다른 건 다 정리하지 못해도, 그 하나만은 절대로 흐려선 안 된다.

98절

사람은 망가졌을 때 누군가를 찾는다. 이해해 줄 사람, 들어줄 사람, 위로해 줄 사람. 하지만 진짜 복원은 외부로부터 오지 않는다.

삶이 흐트러졌을 때 필요한 건 설명이 아니라 조용한 수리다. 어디서부터 망가졌는지, 어떤 말에서 무너졌는지, 어떤 감정을 방치했는지 스스로 되짚어야 한다. 감정을 정리하지 않고 위로를 먼저 찾으면, 회복은 미뤄지고 무너짐만 늦춰진다.

내가 나를 고쳐야 하는 이유는 단 하나다. 타인은 감정을 이해할 수 있어도 구조까지는 만져주지 못한다. 조각난 자존감, 휘어진 표정, 뒤틀린 말버릇은 결국 내가 고쳐야 한다. 그걸 해결하지 않고 관계에만 기대면, 그 관계는 또다시 나를 부서지게 한다. 무너진 걸 고치는 건 기술이다. 그리고 그 기술은 외로움 안에서만 습득된다.

복원이란 건 감정을 눌러두는 일이 아니라, 감정을 지나가는 일이다. 누구의 도움 없이도 정리를 끝낼 수 있는 사람. 조용히 무너졌다가, 조용히 정리해서 다시 자기 자리를 만드는 사람. 말은 필요 없다. 말이 시작되는 순간, 그 복원은 타인을 설득하는 일이 되고 만다.

무너진 걸 고치는 데 타인의 이해가 필요하다고 느끼는 한, 삶은 내 것이 아니다.

: 99절 :

감정을 무시하면 지나간다고 믿는 사람이 있다. 하지만 감정은 억제되는 게 아니라 저장된다. 눌러놓은 감정은 조용히 자라고, 언젠가는 터질 타이밍을 알아서 찾아낸다. 언뜻 아무 일 없어 보이지만, 사실은 안에서 무너지고 있는 것이다. 그걸 멈추고 싶다면 덮는 게 아니라 들여다봐야 한다.

왜 그때 그렇게 반응했는지, 왜 그 상황에서 무너졌는지, 감정을 꺼내서 천천히 해부해야 한다. 어디서부터 망가졌고, 어디까지 침묵했으며, 무엇을 애써 무시했는지를 끝까지 따라가야 한다.

대충 감정을 흘려보낸 사람은 같은 지점에서 또다시 무너진다.

100절

시작

누구나 잘나갈 때는 그럴듯하다. 말이 많고 관계가 빽빽할수록 중심이 있는 사람처럼 보인다. 주변의 반응이 빠르고, 하루가 시끌벅적하게 돌아가면, 마치 삶의 궤도가 정확한 것처럼 착각하게 된다. 하지만 진짜는 그 모든 것이 빠져나간 후에 드러난다.

연락이 끊기고, 계획이 흩어지고, 아무 일도 일어나지 않을 때. 그 정적 속에서 드러나는 말투, 표정, 생각이 당신의 실체다. 외부 자극이 사라진 자리에 남겨진 태도, 그게 중심이다. 말이 없고, 기대도 없고, 피드백조차 사라진 그 순간에 무너지지 않는 사람. 스스로 감정을 정리하고, 누구의 인정도 없이 자기 기준으로 하루를 통과하는 사람. 그런 사람이 끝까지 간다.

지금 아무것도 없는 것 같다면, 그곳이 바로 시작점이다. 남겨진 그 순간이 당신의 전부고, 그 자리에서 다시 시작하면 된다.

침묵은 당신이 누구인지, 무엇을 해야 하는지를 스스로 알게 한다. 누구도 알려주지 않는다. 이 책도 마찬가지다. 삶의 방향을 정해주는 건 글이 아니라 당신 자신이어야 한다.

말과 관계는 지나가고, 다짐은 흐려지고, 감정은 식는다. 결국 남는 건 그 모든 것이 사라진 후에도 흔들리지 않는 단 하나의 기준이다. 그건 타인이 만들어주지 않는다. 당신이 찾아야 한다. 세상의 그 누구도 가르쳐주지 않는다. 삶은 복잡한 듯 보이지만, 끝에는 단순한 한 줄이 남는다.

그걸 붙잡고 가는 것이다. 다른 건 다 지워져도, 그것만은 남는다. 그 지점에서 다시 시작해라. 그게 각성이다.

이제, 살아야 한다.

각성

초판 5쇄 발행 2025년 11월 4일

지은이 김요한
펴낸이 떠오름 출판사
디자인 한희정

펴낸곳 ㈜떠오름코퍼레이션
출판등록 제2021-000002호(2020년 4월 28일)
주소 서울특별시 성수동1가 656-439 서울숲비즈포레 713
팩스 02-6305-4923
홈페이지 www.risebooks.co.kr
이메일 tteoreum9@nate.com

값 17,800원

ISBN 979-11-92372-75-4 (03810)

ⓒ 김요한·주식회사 떠오름, 2025

*이 책의 저작권은 지은이와 떠오름에 있습니다.
*책 내용의 전부 또는 일부를 이용하려면 반드시 저작권자의 서면 동의를 받아야 합니다.
*잘못 만들어진 책은 구입하신 서점에서 교환해 드립니다.